TANANARIVE. — ESCALIER D'ENTRÉE DU PALAIS DE LA REINE.
(Bois gravé par Robert Saldo)

L'ESSOR

DE

MADAGASCAR

Edité par la « Dépêche Coloniale »
19, rue Saint - Georges -- Paris

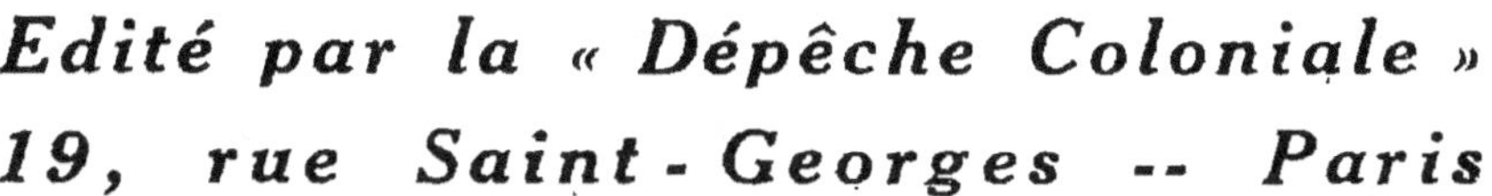

Géographie et historique de Madagascar et de ses Dépendances

—··∞··—

GÉOGRAPHIE

Si l'on considère l'Australie comme un continent, Madagascar est, avec la Nouvelle-Guinée et Bornéo, une des trois plus grandes îles du monde. Sa superficie est d'environ un dixième plus grande que celle de la France.

Madagascar appartient à l'hémisphère austral. Elle est située dans l'Océan Indien. Elle s'allonge au flanc du continent africain sur une longueur de 1.600 kilomètres. Un bras de mer de 400 kilomètres de largeur, le canal de Mozambique, la sépare de la côte d'Afrique.

Dàns son ensemble, l'île présente une forme qui rappelle assez exactement l'empreinte du pied gauche humain. Le Cap d'Ambre figurerait l'extrémité du gros orteil, le Cap Sainte-Marie l'extrémité du talon.

Madagascar offre un dévelopement de côtes, assez généralement rectiligne, d'environ 5.000 kilomètres. Elle est à trente heures de navigation de notre vieille Colonie de la Réunion. Dans le voisinage de son littoral, elle groupe de petites îles. Les îles Sainte-Marie, à l'est, Nossi-Be, Nossi-Mitsio sont parmi les plus importantes. A une distance plus grande, elle compte parmi ses dépendances les Comores. Enfin, dans les mers lointaines, le Gouvernement général de Madagascar s'est vu administrativement rattacher les îles Saint-Paul et Amsterdam, les archipels Crozet et Kerguelen.

Madagascar offre dans son aspect une diversité qui la divise en plusieurs régions distinctes.

Dans sa partie centrale, elle est occupée par un massif central, très tourmenté, qui parcourt l'île du nord au sud et qui en est comme l'épine dorsale.

Cet enchevêtrement de montagnes a été travaillé par l'action volcanique. De nombreux cratères éteints en témoignent. Quelques-uns de ses sommets s'élèvent à une altitude égale à celle des pics de nos Pyrénées françaises. Au pays des Antankarana, le Tsaratanana se dresse à 2.883 mètres. Dans le massif de l'Ankaratra, entre l'Imerina et le Betsileo, le Tsiafajavona, dont la cîme s'enveloppe d'un perpétuel brouillard, atteint 2.680 mètres.

Cette masse montagneuse centrale de Madagascar est coupée de vallées, de plaines élevées. Elle est souvent désignée sous le nom de région des Hauts-Plateaux. On y voit alterner la forêt, la prairie, la rivière.

Elle a deux beaux lacs. Le lac Alaotra est le plus célèbre. Elle donne naissance à la plupart des cours d'eau de l'île, dont elle est pour ainsi dire le château d'eau.

La quantité de pluie qu'elle reçoit annuellement dépasse un mètre. Elle est assez considérable sans être excessive. Une température moyenne d'environ 19° rend le climat très supportable pour les Européens.

Les populations qui habitent la région des Hauts-Plateaux, peuple merina ou hova, peuple betsiléo, comptent parmi les plus intelligentes et les plus développées de l'île. Avant l'arrivée des Français, les Merina avaient su s'assurer la domination sur la plupart des tribus du territoire malgache. En descendant vers le sud, les Bara apparaissent déjà moins heureusement doués. De même, les Tanales, les Bezanouzanes, les Tsimihety au flanc est de la montagne.

Tananarive, la capitale de la Colonie, est la grande cité du pays merina, Fianarantsoa celle du pays betsileo.

Resserré entre la montagne et la mer, le littoral oriental de Madagascar n'est qu'une étroite bande de terre à peine bossuée de quelques hauteurs mamelonnées.

Des anfractuosités de la montagne, les cours d'eau se précipitent, torrentiels, dans cette zone basse. Faute d'espace pour se développer, ils sont généralement courts et leur lit est assez souvent embarrassé de roches et de débris. Aussi n'est-il guère possible de les utiliser pour la navigation.

A travers la vase et la forêt touffue de palétuviers qui se trouve à leur embouchure, quelques-uns de ces fleuves ont peine à se donner une issue vers la mer. Leurs eaux contenues et refoulées s'étalent en lagunes le long de la côte. C'est dans ce chapelet de lagunes, entre Fénérive et Farafangana, que circule le fameux canal des Pangalanes. Cette voie, ouverte à la navigation intérieure, permet aux bateaux caboteurs d'éviter les inconvénients d'une côte pour eux dangereuse.

Les principaux cours d'eau de cette région côtière sont le Maningory, déversoir du lac Alaotra, le Mangoro, long de 300 kilomètres et qui baigne la fertile plaine d'Ankay, le Mananjary, qui accède à la mer dans le voisinage du port du même nom.

Le climat de cette zone orientale de Madagascar est chaud avec une température moyenne d'environ 24°. Il est humide. Dès qu'ils abordent l'île les alizés se heurtent à la falaise montagneuse toute proche de la côte. Leurs nuages s'y condensent. De là d'abondantes précipitations d'eau. La hauteur moyenne annuelle des pluies est de trois mètres à Tamatave.

Un pays dont le climat présente ces caractéristiques est naturellement voué aux cultures riches. L'arboriculture y est représentée par les manguiers, les oranges, les mandariniers, les letchis. Jardins et vergers y produisent les bananes, les ananas, voire même la pêche et le raisin. Mais, du point de vue de l'exportation, l'intérêt de la région vient surtout de ce que c'est elle qui verse sur le marché ces précieuses ressources des terres tropicales, le cacao, le sucre, la vanille, la cannelle, le clou de girofle, les bois d'ébénisterie.

Les tribus qui peuplent cette côte orientale de Madagascar sont celles des Betsimisarakes et des Antaimoures. Ces derniers ne sont d'ailleurs qu'un métissage de Betsimisarakes et de Comoriens. Car les Betsimisarakes, bons marins, avaient pris de longue date l'habitude de fréquenter les Comores. Ces peuples se livrent avec succès à l'agriculture aussi bien qu'à la navigation.

Avant d'être les maîtres de l'île, les Français, comme l'indiquent les noms bien connus de Tamatave, de Fénérive, de l'île Sainte-Marie, de la baie d'Antongil ont souvent abordé Madagascar par son littoral oriental.

Le versant occidental de Madagascar est constitué par de vastes plaines qui dévalent de la montagne vers la mer. A mi-chemin entre celle-ci et celle-là, elles voient se dresser un relèvement de terrain : c'est la « longue chaîne » ou Bongolava. Les fleuves qui descendent de l'Imerina ou du Betsiléo pour aller se perdre dans le canal de Mozambique sont contraints de s'ouvrir par d'étroits couloirs un passage à travers cette falaise.

Ces fleuves ont pour se dérouler des étendues beaucoup plus vastes que ceux du versant oriental. Ils drainent des territoires beaucoup plus considérables. Ils peuvent aussi être utilisés avec plus de facilité pour la navigation et ils favorisent davantage la pénétration de l'île.

Parmi ces fleuves, il convient de citer la Sofia qui recueille les eaux du massif de Tsaratanana et vient aboutir à la baie de Mahajamba. Plus intéressante encore est la Betsiboka, dont le principal affluent est l'Ikopa. L'Ikopa coule au pied de Tananarive. Elle arrose la fertile plaine Betsimitatatra, « grenier du pays merina ». C'est ensuite la Tsiribihina « l'Infranchissable », qui est pourvue d'un riche réseau d'affluents. Par l'intermédiaire de l'un d'eux, elle sert de déversoir à un lac de grande étendue, le lac Itasy.

Le Mangoky, comme la Tsiribihina est un fleuve à delta. Le travail de ses eaux a formé au sud de son embouchure, le lac Iotry. L'Onilahy enfin, aussi appelé rivière de Saint-Augustin, est un fleuve puissant. Il draîne les eaux du pays bara.

Le climat du versant occidental de Madagascar est chaud. La température moyenne qu'on y enregistre est de 25°. Il est beaucoup moins chargé d'humidité que le climat du littoral oriental. Dans toute la région qui s'étend du cap Saint-André à l'embouchure de l'Onilahy, la hauteur annuelle des pluies ne dépasse pas un mètre. Dans la saison chaude, dite d'hivernage, de la mi-novembre à la fin de mars, cette région occidentale est beaucoup moins exposée que la côte est aux effets dévastateurs des orages, des trombes, des cyclônes. Les Européens n'ont point trop de peine à s'acclimater dans un pays où la chaleur qui règne est une chaleur relativement sèche.

Si le Plateau central est surtout le pays de l'élevage, des cultures maraîchères, de l'exploitation forestière, si la côte est surtout vouée aux cultures riches, les plaines occidentales sont particulièrement aptes à la production des pois du Cap, du riz, de la noix de coco.

Leurs habitants de l'embouchure de l'Onilahy à la plaine du Sambirano sont les Sakalaves. Ils s'apparentent aux races africaines. Ils en ont le teint très foncé, les cheveux crépus, les lèvres épaisses, le nez épaté. Leur dialecte recèle d'ailleurs un certain nombre de mots bantous. Les Sakalaves de la côte sont volontiers navigateurs. Ceux des plaines intérieures sont parfois demi-nomades. Les populations Sakalaves ont été longtemps les adversaires irréductibles de la domination hova. A ce titre, elles furent les alliées et les protégées de la France dans les temps qui précédèrent l'occupation française.

Comme Tamatave est le port principal de la côte est, Majunga est le port le plus important de la côte ouest.

Tuléar cependant entretient aussi par mer quelques relations avec l'Afrique.

A la pointe sud de Madagascar, de la baie de Saint-

Augustin aux montagnes qui couronnent Fort-Dauphin, s'étend une zone de caractère désertique. La température moyenne y est d'environ 25°. Les pluies y sont rares. Leur hauteur moyenne annuelle n'atteint pas 40 centimètres.

Ces plaines et ces plateaux arides possèdent bien quelques cours d'eau, Ilinta, Menarandra, Manambovo. Mais à la manière des ouadi algériens, ces cours d'eau ont leur lit en grande partie à sec dans les périodes de sécheresse. Ils roulent au contraire des torrents d'eau quand les orages viennent se déverser sur le massif voisin de Vohimainty. Le grand lac de la région, le Tsimanampesotsa, s'allonge le long de la côte. Il communiquait autrefois avec la mer.

Une région aussi sèche et aussi deshéritée ne peut guère se parer que d'une très maigre végétation. Comme dans les déserts australiens, les plantes qu'on y trouve sont des plantes le plus souvent dépourvues de feuilles et garnies d'épines. Parmi ces plantes, le cactus est peut-être celle qui est le plus utile aux indigènes. D'autres qui dissimulent dans le sous-sol leurs rhizomes et leurs bulbes fournissent, dans des contrées dépourvues d'eau, un breuvage précieux aux populations.

Ces populations appartiennent à différentes tribus : les Antanosy, les Antandroy, les Mahafales. Les Antanosy ont été depuis une date très ancienne en contact avec les Français à Fort-Dauphin et ils y ont gagné quelque chose. Mais les Antandroy et les Mahafales sont parmi les populations les plus misérables de l'île. Sur un sol dépourvu d'eau et pauvre en ressources, ils ignorent l'hygiène, la propreté, ne trouvent que des subsistances réduites et ont été souvent victimes de la famine. Au cours de leur vie nomade, ils s'efforcent d'élever quelques troupeaux. Ils avaient jadis la réputation d'être de grands voleurs de bétail. Il a fallu l'occupation française pour apporter un frein à leurs habitudes de pillage. A lui seul du reste, le nom d'Antandroy suffisait à évoquer la misère qui pèse sur ces populations : il signifie « hommes des ronces ».

Telles sont, à Madagascar, les diverses régions où vi-

PONT RUSTIQUE A IHOSY.
(Bois gravé par Robert Saldo)

vent, sans parler des Européens, une vingtaine de tribus indigènes. Ces tribus conservent encore des caractères différents. Cependant, elles sont suffisamment fondues en un tout, elles offrent une assez grande communauté de vie et de mœurs pour qu'il soit permis de dire qu'il y a un peuple malgache. De même, elles parlent chacune leur dialecte. Mais ces dialectes divers ont assez de rapports et de ressemblance pour qu'il ne soit pas téméraire d'affirmer qu'il y ait une langue malgache.

HISTORIQUE

L'Afrique est de tous les continents celui qui fut le plus longtemps fermé à la pénétration européenne. De même pour cette dépendance de l'Afrique qu'est Madagascar. Des siècles s'écoulèrent pendant lesquels la grande île de l'Océan Indien fut ignorée du monde occidental.

Comment s'est-elle peuplée ? Beaucoup d'incertitudes planent sur cette question. Aucun témoignage ne permet de déterminer avec précision ce que furent ses premiers habitants.

Les savants inclinent à croire qu'à un moment donné elle fut occupée par des populations noires, venues d'Afrique, et selon toute apparence, assez proches parentes des Bantous.

Par la suite, elle vit arriver des migrations malayo-polynésiennes. Malais et Papous s'installèrent sur le plateau de l'Imerina. Ils devinrent dans l'île, qu'ils marquèrent fortement de leur empreinte, la race dominante et ils furent assez puissants pour rejeter, au cours d'un long duel, vers la côte-ouest, les Sakalaves africains. Ils sont connus sous le nom de Merina ou de Hovas.

L'île reçut probablement aussi des Asiatiques, venus de l'Hindoustan, peut-être même de l'Indochine. Il serait extraordinaire qu'il en fût autrement, la navigation ayant de tout temps été très active sur les rives de l'Océan

Indien, L'île reçut certainement des Arabes. Ils lui vinrent en général par l'intermédiaire des Comores. Le pays fut ainsi marqué d'influences islamiques. Il le fut aussi de quelques influences judaïques.

Le peuple malgache s'est donc constitué d'apports de populations, de courants d'humanité venus à des époques différentes d'Afrique, d'Océanie, d'Asie.

C'est là ce qu'il est essentiel de connaître du problème de ses origines.

Au sortir du Moyen Age, l'Europe s'éveille, prend son essor, s'élance hors de chez elle. Les Portugais sont parmi les premiers à sillonner les mers. En 1497, l'un d'eux, Vasco de Gama, double, au Sud de l'Afrique, le Cap des Tempêtes, qu'il appelle cap de Bonne-Espérance. Il cherche la route des Indes. Il était inévitable que ses continuateurs, allant à Calicut, se heurtassent à Madagascar.

C'est ce qui arriva, en effet. De 1500 à 1507, des navigateurs portugais célèbres, Diégo Diaz, Tristan Da Cunha, Gomès d'Abreu, le grand Albuquerque lui-même reconnaissent les côtes de l'île. D'Abreu, qui devait y mourir, l'avait appelée île Saint-Laurent.

En 1529, apparaissent les frères Parmentier. Ce sont des Français, au service des fameux armateurs de Dieppe, les Ango. Ils sont assez mal accueillis des Indigènes. En 1545, ils sont suivis d'un autre Français, Jean Fonteneau.

Ce n'est qu'en 1591 que les Anglais prennent pour la première fois contact avec le pays. Les Hollandais, alors à l'aube de la grande période maritime de leur histoire, ne viendront pourtant, bons derniers, qu'en 1595.

Ce premier travail d'exploration des Européens, travail resté d'ailleurs assez extérieur, dure un peu plus d'un siècle.

Au début du XVIIe siècle, après la dure période des Guerres de religion, la France restaurée par Henri IV, déborde de vie. Elle est dans la main ferme de Richelieu. Elle se sent mûre pour les grandes entreprises.

C'est alors, en 1638, que Berruyer et Desmartins lancent de Dieppe vers l'Océan Indien deux navires, la « Mar-

guerite » et le « Saint-Alexis », capitaines Digard et Cau-
che. Ce dernier, cinq mois onze jours après son départ,
parvient à Diégo-Suarez. Il en proclame l'annexion à la
France.

Attentif à tout ce qui peut servir la grandeur nationale,
Richelieu ne saurait se désintéresser d'une telle initiative.
Juste à ce moment, il a à se débattre au milieu des redoutables périls de la Guerre de Trente ans. Peu importe ! Il
trouve le temps d'obtenir de Louis XIII, le 24 juin 1642,
la création de la Société de l'Orient.

A côté de Berruyer et de Desmartins, la Société ainsi
constituée compte parmi ses membres le fameux surin-
tendant Fouquet, et un homme qui va jouer un grand
rôle, de Flacourt. Elle a pour objet d'ouvrir à la France
des marchés nouveaux dans les pays lointains : Madagascar est au centre de son action.

Pronis, qu'elle y envoie d'abord, occupe l'île Sainte-
Marie, la baie d'Antongil, construit Fort-Dauphin. Les
points sont ainsi marqués où, à travers les vicissitudes de
l'avenir, la France tendra toujours à se maintenir ou à
revenir.

De Flacourt vient à son tour dans l'île. Il y demeure de
1648 à 1655. Par les armes ou la diplomatie, il soumet les
indigènes. Trois cents chefs de village qu'il a subjugués
se reconnaissent vassaux de la France et s'engagent à lui
payer tribut. Au loin commence le défrichement d'une des
plus intéressantes des Mascareignes, l'île Bourbon, jusqu'alors déserte.

Revenu en France, de Flacourt prépare une deuxième
expédition pour l'Océan Indien. Il met à la voile en 1660.
Il emmène avec lui un nombre important de colons. Au
cours du voyage, il tombe frappé à mort dans un combat
que lui livre, sur les côtes de Mauritanie, les pirates bar-
baresques. Sans ce déplorable événement, peut-être que
Madagascar, où le prestige du nom de Flacourt était
grand, eût été colonisée deux siècles plus tôt.

Colbert continue, en l'élargissant, la politique coloniale
de Richelieu. Avec lui, la Société de l'Orient devient la

Compagnie des Indes Orientales. Madagascar, qui prend successivement le nom de France-Orientale, puis d'île Dauphine, voit arriver de la métropole plusieurs expéditions. Malheureusement, les chefs qui les dirigent n'ont pas l'habileté de Flacourt. Ils irritent les indigènes. Ceux-ci se soulèvent et massacrent les Français. Ceux de nos compatriotes qui survivent, évacuent le pays, même Fort-Dauphin, capitale de nos possessions, s'embarquent et regagnent la France.

Telle fut l'issue douloureuse de notre premier essai de colonisation à Madagascar.

Pendant une longue période, les Français vont rester absents de l'île. Louis XIV s'absorbait dans la politique continentale. Au contraire de Richelieu et de Colbert, il discernait mal l'importance des affaires maritimes. Aussi pendant la dernière partie de son règne, Madagascar reste à peu près abandonnée. Sans doute, en 1686, un arrêt du Conseil d'Etat déclare qu'elle est toujours possession de la couronne. Mais les droits que nous confère cet arrêt n'ont guère qu'une valeur purement théorique.

De nos interventions dans ces régions de l'Océan Indien, il ne nous reste guère alors qu'un souvenir « L'Histoire de la grande île de Madagascar », due à la plume de Flacourt.

Mais voici qu'au loin, dans les Mascareignes, sous l'impulsion de la Compagnie des Indes Orientales, l'île Bourbon et sa voisine, l'île de France, depuis île Maurice, se peuplent, s'enrichissent, se développent. De 1727 à 1735, en particulier, sous un gouverneur habile, Dumas, et à partir de 1735, sous un autre gouverneur, d'une valeur très grande, Mahé de la Bourdonnais, elles accomplissent de rapides progrès.

Les vaisseaux français recommencent à se montrer sur les côtes de Madagascar, où Mahé de la Bourdonnais, et d'autres avec lui, rêvent d'installer de nouveau la France. Malheureusement, depuis le traité d'Utrecht (1713), l'Angleterre est devenue la maîtresse des mers. Déjà s'est ouverte la grande période de sa rivalité coloniale avec la

France. A partir de 1743, nous sommes en guerre avec elle, et au fond de la mer des Indes, la question capitale est de savoir à laquelle des deux puissances aux prises appartiendra, avec ses incalculables richesses, l'immense presqu'île gangétique.

Dans ce vaste conflit, un essai nouveau de colonisation à Madagascar ne saurait guère être tenté. La Bourdonnais se contente de chercher sur la côte orientale de l'île un point d'appui. Il aménage la baie d'Antongil, afin de pouvoir y concentrer son escadre. Il l'y ravitaille avant de la conduire vers l'Inde où il portera aux Anglais des coups redoutables.

Après lui, d'autres marins illustres, d'Aché, Suffren, font également de la baie d'Antongil une base d'opérations pour leurs escadres.

Malgré la vaillance des La Bourdonnais, des Dupleix, des Suffren, l'Inde tombe aux mains des Anglais. La France fait mine de revenir à Madagascar. Le comte de Maudave vient occuper une fois de plus Fort-Dauphin : il est impuissant à s'y maintenir.

Alors se produit une extraordinaire aventure. Un officier hongrois, au service de la France, Benyowski, arrive dans la baie d'Antongil. Il y bâtit Louisbourg. Il s'abouche avec les indigènes. Il conquiert sur eux une autorité morale extraordinaire. Ils le proclament ampanjakabe, c'est-à-dire chef suprême, ce qui le place au-dessus même de leurs rois. Enivré de sa puissance, Benyowski prétend échapper à la tutelle de la France. Il obtient l'appui des États-Unis et se déclare souverain indépendant. Une expédition française est dirigée contre lui. Elle l'attaque à Ambodiatafa : il périt dans la lutte (23 mai 1786).

Bref, après Colbert et jusqu'à la Révolution, Madagascar désertée ne voit se produire de la part de la France que de timides essais de colonisation. Elle n'a guère qu'un rôle assez effacé de satellite auprès des îles Bourbon et de France, et ne garde d'importance dans notre histoire coloniale que dans la mesure où elle est mêlée au grand duel où s'affrontent, dans la mer des Indes, la France et la Grande-Bretagne.

En France, la Révolution est survenue. Les différents gouvernements révolutionnaires ne se désintéressent nullement de l'Océan Indien. Mais la crise où ils se débattent est d'une intensité telle qu'il ne leur est guère possible de pratiquer à Madagascar une politique active.

Or, juste à ce moment, sur le plateau de l'Imerina, la plus puissante des tribus de l'île, celle des Hovas, a à sa tête un roi entreprenant et énergique, Andrianampoinimerina. Il se rend maître, dans un rayon assez étendu, de tout le pays autour de Tananarive. Son fils et successeur, Radama Ier poursuit son œuvre. Il s'empare de Tamatave, de Foulpointe, arrive jusqu'à Mananjary, jusqu'à Fort-Dauphin. Voici les Hovas maîtres de la plus grande partie de l'île.

Ces événements étaient, pour la France, inquiétants. Car les Hovas ne dissimulaient pas leur hostilité à son égard et, déjà, ils se mettaient en défense contre ses interventions possibles. Nommé, en 1803, par le Premier Consul, gouverneur général de nos possessions de l'Océan Indien, le général Decaen ne se laisse point émouvoir par cette situation. Il entreprend une action vigoureuse sur la côte orientale de Madagascar et y relève les établissements français. Le commodore anglais Rowley accourt à la tête d'une flotte puissante, et à deux reprises, les détruit (1809-1810).

Cette guerre nous est funeste. Le rétablissement de la paix, quand finit le corps à corps furieux de l'Angleterre et de Napoléon, ne le sera guère moins pour nous. S'il nous restitue, en effet, l'île de la Réunion et nos droits sur Madagascar, le traité de Paris du 30 mai 1814 nous enlève l'île de France, clef de l'Océan Indien. Livrée aux Anglais, elle devient l'île Maurice et son gouverneur, Farquhar, va être l'adversaire déterminé de l'influence française à Madagascar.

Ses agents, les missionnaires surtout, un Jones, un Hastie, sont tout puissants à Tananarive auprès du roi Radama Ier et y nouent d'incessantes intrigues contre nous. La reine Ranavalona Ire, qui succède à Radama, se'montre plus indépendante en face des Anglais, mais tout aussi hostile à notre égard. Le gouvernement de la Restauration juge à propos d'intervenir. Par ses ordres, le capitaine de vaisseau Goubeyre, à la tête d'une flotille, bombarde Tamatave, et réoccupe Tintingue, que nous ont enlevée les Hovas. Toutefois, ce n'est là qu'une action épisodique.

Après la Révolution de juillet, Louis-Philippe, plus que de politique coloniale, se préoccupe d'affermir sur sa tête une couronne incertaine. Il a d'ailleurs un vif désir de ne heurter, ni dans l'Océan Indien, ni ailleurs, l'Angleterre, l'entente avec Londres étant l'objectif suprême de sa diplomatie. A la fin de 1830, il fait donc abandon de nos droits sur Madagascar. En conséquence, Tintingue est évacuée au début de 1831 et les Hovas y reparaissent aussitôt.

Cette défaillance gouvernementale pouvait ruiner à jamais nos espérances dans l'île. Cependant, comme il arrive parfois, de simples particuliers vont se substituer aux pouvoirs publics trop pusillanimes et se charger de l'œuvre à accomplir. Un Mauricien, d'origine française, de Lastelle, va pendant des années, se faire à Tananarive, le défenseur passionné et tenace des intérêts français. Un Français du Midi, Laborde, jeté par la tempête sur les côtes malgaches, s'établit dans le pays, y fonde des ateliers, des fabriques, commence à l'industrialiser, acquiert ainsi à la fois auprès des indigènes et du gouvernement hova un prestige qu'il fait tourner au bénéfice de ia France. Un autre Français, Lambert, vient seconder l'effort de Laborde. Il sera un infatigable négociateur entre Paris et Tananarive.

A la fin du règne de Louis-Philippe, le gouvernement de Paris, un peu moins timide, laisse l'amiral de Hell, gouverneur de la Réunion, conclure des accords avec les chefs sakalaves de la côte Ouest. Ceux-ci cherchent notre protection contre la domination tyrannique des Hovas. Ils nous cèdent les îles de Nossi-Bé, Nossi-Komba, Nossi-Mitsio, et même Mayotte. Cette cession est acceptée.

Un instant, la France, sous Napoléon III, paraît devoir triompher à Tananarive. Le prince Rakoto qui, sous le nom de Radama II a succédé à Ranavalona Iʳᵉ, montre de bonnes dispositions pour notre pays. Il signe avec lui un traité d'amitié. Le 12 mai 1863, à l'instigation du parti « vieux-hova », il est étranglé à l'aide d'un pagne de soie. Sa veuve devient reine sous le nom de Rasoherina et déchire aussitôt le traité signé.

Quel que soit d'ailleurs le souverain, la rivalité de la France et de l'Angleterre persiste à Tananarive. A partir de 1865, les Français s'enorgueillissent des belles explorations que poursuit dans l'île Alfred Grandidier. En 1869, les Anglais peuvent se flatter d'un gros succès : leurs missionnaires baptisent et introduisent dans la religion protestante la reine Ranavalo II, qui a remplacé Rasoherina sur le trône en 1868.

Ainsi, pendant un siècle, de la Révolution à la Troisième République, l'effort de nos divers gouvernements reste à Madagascar incertain et intermittent. Ce sont surtout des particuliers, zélés patriotes, qui défendent là-bas la cause française. Leur mérite est d'autant plus grand qu'ils sont sans cesse contrecarrés par l'Angleterre, habile à mettre même la religion au service de sa politique.

En 1878, meurt Laborde. Ce vigilant défenseur de nos droits était devenu Consul de France auprès du gouvernement hova. Il était aussi grand propriétaire dans l'île. Au mépris du droit, ses héritiers sont empêchés de recueillir sa succession. En même temps, les autorités de Tananarive commencent à molester les Sakalaves des côtes de l'Ouest, non protégés. Bientôt même les Français sont invités à quitter le pays malgache. Plusieurs périssent en essayant de gagner un port d'embarquement. En opposition avec cette attitude, Anglais et Américains sont comblés de faveurs à Tananarive.

A Paris, Jules Ferry est devenu premier ministre. Ce rude Vosgien a de vastes plans d'expansion coloniale. De

ANTSIRABÉ. — LAC TRITRIVA.

plus, il n'est point homme à se résigner à un manque de considération. Il exige des satisfactions. Après de multiples tergiversations, elles lui sont refusées. Alors, les amiraux Pierre et Galiber, successivement, bombardent Vohémar, Fénérive, Mahanoro, Mahela, Mananjary, Fort-Dauphin où les Hovas tiennent garnison. Des troupes, débarquées par l'amiral Miot, battent les contingents ennemis, commandés par des officiers britanniques.

Effrayés, la reine Ranavalona III, qui a succédé à Ranavalona II, et son premier ministre, Rainilaiarivony, cèdent.

Le traité du 17 décembre 1885, qu'ils signent, accorde à la France, avec le protectorat de Madagascar, la pleine possession de la baie de Diégo-Suarez et une indemnité de guerre.

A cette date, Jules Ferry n'était plus ministre. Il n'en avait pas moins eu le mérite de ressusciter, au bénéfice de son pays, des droits qui remontaient à Richelieu et à Colbert.

Le traité de 1885 ne contenait pas le mot « protectorat ». C'était d'un protectorat de fait qu'il s'agissait. Le résident général, envoyé par la France à Tananarive, M. Le Myre de Vilers, réussit d'abord à le faire respecter. Pourtant, le gouvernement hova n'était point résigné. Et de nouveau, des entraves ne tardèrent pas à être apportées au commerce français ; de nouveau des meurtres de ressortissants français furent commis et demeurèrent impunis.

Le résident général exigea alors du gouvernement de la reine, la reconnaissance officielle du protectorat français sur l'île et la présence d'une garnison française à Tananarive. Il fut éconduit et se retira à Tamatave.

A Paris, les pouvoirs publics se décidèrent à finir avec la mauvaise volonté qu'ils rencontraient chez Ranavalona et ses conseillers. Une intervention armée fut décidée. Un corps expéditionnaire, aux ordres du général Duchesne, vint débarquer à Majunga. Il y fit un trop long séjour et y fut cruellement décimé par les maladies. A la fin, avec ses éléments les plus résistants, une colonne volante fut formée. Elle remonta, sans rencontrer grande résistance, le cours de la Betsiboka, et parut devant Tananarive. Aux premiers obus qui tombèrent dans le voisinage de son palais, la reine fit arborer le drapeau blanc et capitula (30 septembre 1895). Le lendemain, elle signait un traité qui établissait sur Madagascar « le protectorat de la France avec toutes ses conséquences ».

Quand les Hovas s'aperçurent de la faiblesse des effectifs auxquels ils avaient cédé, ils se ressaisirent et s'agitèrent. Un soulèvement éclata. Assez vite, il se propagea dans toute l'île. A cette insurrection, la France répondit par deux mesures : elle déclara le protectorat supprimé et déclara Madagascar annexée à la métropole ; elle envoya comme gouverneur militaire à Tananarive un de ses plus grands soldats coloniaux, le général Galliéni (août-septembre 1896).

Galliéni apporta dans sa tâche autant d'énergie que d'habileté. Deux ministres hovas, complices des insurgés, furent jugés et exécutés (30 octobre 1896). La reine Ranavalona fut déportée en Algérie (28 février 1897). Les rebelles en armes furent traqués, battus, soumis. Les pillards qui résistaient encore dans le sud, les Fahavalos, furent réduits par le colonel Lyautey entre 1900 et 1902.

En même temps, Galliéni traçait le plan d'une vaste organisation de l'île. Il y établissait des routes, des chemins de fer, des télégraphes, des écoles, des dispensaires médicaux. Par ses soins, les indigènes étaient, selon des méthodes appropriées, initiés au travail. Très justement, il voulait leur faire apprécier la France par les services qu'elle leur rendait, la leur faire aimer par les bienfaits qu'elle leur apportait.

Il y réussit pleinement. Quand il quitta l'île, en 1905, ses successeurs, les gouverneurs civils MM. Augagneur, Picquié, Merlin, Schrameck, Garbit, Olivier, Cayla, n'eurent plus qu'à continuer, en la développant, l'œuvre dont, avec tant de sûreté, il avait jeté les fondements. L'attitude de ses populations pendant la guerre de 1914-1918 devait témoigner qu'en moins de vingt ans, Madagascar était devenu tout à fait nôtre.

La conquête, la pacification, l'organisation de Madagascar restent une des gloires solides de la Troisième République.

LE TOURISME

Madagascar est une terre d'enchantements pour le touriste. La richesse de sa flore, la fougue, l'exubérance de la végétation de ses plaines orientales, les sites captivants de ses montagnes, la grandeur morne de quelques-uns de ses plateaux, le surgissement de ses cités pittoresques et colorées, l'éclat de ses couchers de soleil, les caprices de la mer qui bat ses côtes y offrent, aux yeux et à l'imagination du voyageur, des attraits sans cesse renouvelés. Il n'est pas, jusqu'aux vestiges du passé d'une population déjà arrivée, avant l'occupation française, à une sorte de demi-civilisation, qui ne soient de nature à exercer sur lui une certaine puissance de séduction.

Dans un ouvrage récemment paru, il est dit, fort justement, que : « grâce à la merveilleuse route que suit le chemin de fer, le voyageur peut avoir, en un seul jour, une idée générale de l'aspect du pays. En quittant, le matin, l'intense végétation du littoral, on arrive, le soir, à 1.400 mètres d'altitude, sur les plateaux rouges de l'Emyrne, au milieu de monts arides, égayés cependant par la verdure des rizières.

Un visiteur, moins pressé, sera toutefois bien inspiré de quitter, à l'occasion, routes et chemins de fer qui conduisent surtout aux centres les plus importants, aux villes les plus connues. Il aura intérêt à utiliser le « filanzane'» malgache, à recourir aux services des « bourjanes ». « Les bourjanes, — les porteurs de Madagascar, — sont, contrairement à ce que l'on pourrait penser, heureux de leur sort. Sauf chez les peuplades encore barbares, où l'usage du costume est presque ignoré, ils sont vêtus de lambas blancs, sortes de peplums qui leur donnent l'allure de statues antiques, et coiffés crânement sur l'oreille, de chapeaux à larges bords. Ce sont de bons enfants en qui on peut avoir la plus entière confiance. Escaladant des pentes périlleuses, traversant des rivières au courant dangereux, ils ont, à l'instar des mules, le pied sûr et accomplissent leur tâche avec autant de bonne humeur que de bonne volonté ».

La principale excursion à tenter à Madagascar est, tout de même, celle qui a pour objet la capitale du pays. On y accède parmi les fleurs : « daturas, lilas de Perse, mimosas, roses trémières sont les bordures ordinaires des chemins ». Et voici alors le spectacle qui frappe le regard:

« La cité royale, la capitale de l'île, Tananarive (Antananarivo), la grande ville rouge aux mille « guerriers », dresse à flanc de montagne ses bizarres villas construites de terre durcie, ses jardins charmants et ses hautes terrasses. Comme une couronne, au sommet, le palais en deuil de la dynastie Hova, — le Manjakamiadana, — marque encore à sa vieille horloge l'heure fatale du départ pour l'exil de la dernière reine. Le boulet français qui, en 1895, sonna le glas de la reddition, a laissé, au faîte de l'édifice, la trace de sa blessure. Une construction de pierres recouvre entièrement l'antique palais de bois. Sur la grille d'entrée, un grand aigle de bronze, souvenir de Napoléon III, déploie ses larges ailes. Non loin de là, le petit palais d'argent, où le premier ministre recevait autrefois les ambassadeurs, et le palais de Manampisoa, ancienne demeure de Ranavalona III... Entre le Palais d'Argent et la Chapelle de la Reine, l'inimaginable case en bois à toiture de jonc d'Andrianampoinimerina, petite habitation barbare jusqu'à la sauvagerie, qui, sur cette terrasse, au milieu de ce groupement de constructions inspirées par notre civilisation et baptisées du nom pompeux de palais, garde bien à elle seule le caractère véritable des mœurs malgaches ».

Il faudrait pouvoir s'arrêter aux autres monuments de Tananarive : ils sont nombreux. Il faudrait réserver un instant d'attention à ses tombeaux, si curieux à tant d'égards, aux débris de ses « rovas », vieilles fortifications, comme on en rencontre encore dans les bourgades de l'Imerina. Il faudrait, enfin, avoir le loisir de promener son regard sur l'horizon lointain « où deux lacs mettent le reflet de leur miroir bleu' », où s'aperçoit, à l'ouest, « l'émeraude des rizières », où au contraire se discerne à l'est « l'aspect désertique d'un bouleversement volcanique ». Mais il y a, à Madagascar, d'autres villes et d'autres centres d'excursion.

Assise sur un mamelon verdoyant et bien abritée contre le dur vent d'est, il y a par exemple, à vingt kilomètres de Tananarive, Ambohimanga, la ville sacrée.

« L'ombre des grands arbres contenus dans ses remparts garde toute l'histoire de son mystérieux passé. Elle fut le berceau de la monarchie hova et la maison d'Andrianampoinimerina, vide aujourd'hui, conserve encore l'allure ancienne, ne serait-ce que par les sculptures sur bois précieux, qui en font les principaux ornements et qui rappellent l'art arabe primitif. Un peu du caractère mystique d'Ambohimanga, cependant, a disparu, depuis le transfert dans le « rova » de Tananarive des corps des rois qui y furent ensevelis. Ce transfert avait été jugé indispensable par le général Galliéni pour couper court à une légende malgache qui voulait que la terre provenant de ces sépultures procurât l'invulnérabilité. Or cette légende servait de base à toutes sortes d'intrigues auxquelles se heurtait notre civilisation. Les tombeaux en ruine sont demeurés derrière la maison royale, avec la pierre sainte que le souverain régnant avait seul le droit de toucher. A l'ouest de ces tombeaux, se trouvent les vestiges du lieu des sacrifices, où l'on immolait les bœufs destinés, le jour de la fête du fandroana, à être envoyés aux douze collines sacrées. C'est à cet endroit que, pour célébrer le culte des ancêtres, on adressait, à leurs mânes, des prières et des vœux. Non loin de là, dans une fosse carrée, étaient parqués les bœufs sacrés ».

*
* *

Dans cette même région centrale de Madagascar, au pays des cratères éteints, on rencontrerait encore le lac Itasy. « Le monstrueux caïman y fait contraste à la grâce divine de l'aigrette, aux grandes ailes rosées des flamants. Les pirogues des pêcheurs s'avancent prudemment sur cette nappe dangereuse, au milieu de laquelle pullule tout un peuple de poissons ». On y trouverait, également, en amont du petit village de Ramainandro, les chutes fameuses du Kitsamby. On visiterait enfin, à une faible distance du mont Vohitra, au voisinage de lacs nombreux et d'un pittoresque varié, le Vichy malgache, la ville d'Antsirabé, célèbre par ses eaux thermales.

Surtout, il serait impardonnable de négliger, sur la route d'Antsirabé à Fianarantsoa, Ambositra. C'est la ville des roses. Dans cette heureuse cité, « elles envahissent tout. Elles parfument tout, les haies, les jardins, les maisons. Elles donnent à cette petite ville étagée, la grâce exquise et fraîche d'un bouquet. Tout est en gradins dans ces parages, même les rizières. La campagne est remarquable par ses nombreux menhirs, dont chacun porte son histoire, et par ses forêts de tapia, asiles du « landibé », ver à soie du pays ».

*
* *

Que d'autres spectacles à contempler à Madagascar. Dans le district de Vatomandry, au village de Sasahoma, au milieu d'un paysage tourmenté, solitaire et grandiose, il y a, sur la rivière Manandra, un pont naturel de 50 mètres de long qui forme une arche grandiose et excite au plus haut point l'admiration du visiteur. Un voyageur anglais, M. Kestell Cornish écrit à ce sujet : « Lorsqu'on se tient sous le pont, dont la largeur est colossale, et qui ne le cède en rien à tout autre beau spectacle de la nature, on aperçoit deux superbes cascades surmontées d'une falaise boisée de chaque côté de la gorge. L'effet de l'ensemble défie toute description ». Un autre voyageur anglais, M. Baron, dit de son côté : « C'est réellement une des vues les plus merveilleuses et les plus pittoresques que l'on puisse imaginer. Il est évidemment difficile de comparer avec un autre phénomène naturel de cette espèce ; mais, si le pont et ses alentours étaient situés dans les Iles Britanniques, sa réputation ne serait certainement pas hors de rang avec la grotte de Fingal (Fingal's Cave) et la « Chaussée des Géants ».

*
* *

Au nord de l'île, la province de Diégo-Suarez a, elle aussi, tout ce qu'il faut pour captiver l'attention du touriste. Il y a d'abord à voir la rade de Diégo elle-même, la plus vaste du monde, après celle de Rio-de-Janeiro, et où la France possède une position militaire de premier ordre. Il y a à contempler les panoramas magnifiques qui se déroulent sous le regard des hauteurs de la montagne d'Ambre. Il y a à parcourir la belle plage d'Orangéa, à visiter la Mer des Coraux à marée basse : « La limpidité et la clarté de l'eau est telle que l'on distingue les moindres détails du fond ; il semble que tous les objets sont vus à travers un fin cristal. C'est un splendide aquarium, un paysage féérique. Les nombreux polypiers sont roses, bleus, vert tendre, violets, rouges, rutilants même, jaunes, gris, etc. Toute la gamme des couleurs y est représentée, toutes les formes de ces curieux animaux existent ».

La Mer des Coraux ne possède pas seulement des polypiers. « Toute une faune y vit et évolue : poissons, crustacés, holothuries, oursins, étoiles de mer, etc. A la surface, ce sont les nageurs de haute mer : requins gris clair, anguilles de mer aux verts reflets, carangues irisées et gracieuses, marsouins prenant bruyamment leurs ébats, sardines poursuivies par des mouettes, goélands aux ailes blanches, poissons volants traversant la surface des flots ».

Dans toute la région, il y aura en outre, à visiter des lacs, des falaises en forme de château-fort, des grottes comme celles de l'Ankara, des chutes d'eau comme celles du Mahavavy.

En ayant recours, selon de savantes combinaisons, au filanzane, à l'automobile, au bateau, au train de chemin de fer, sans parler de la marche à pied, le touriste peut, à Madagascar, satisfaire sous des formes très diversifiées, sa légitime curiosité et enrichir son imagination de magnifiques visions.

L'Administration de Madagascar et de ses Dépendances

ORGANISATION ADMINISTRATIVE

A l'heure où, en 1896, la France proclamait Madagascar colonie française, elle trouvait dans l'île des populations qui étaient déjà parvenues à un certain degré de civilisation. Les Merina, en particulier, établis sur les Hauts-Plateaux, avaient su codifier leurs lois et coutumes et se donner une organisation gouvernementale et administrative. Par la force des armes et aussi par une politique habile, ils étaient arrivés à soumettre à leur autorité la plupart des autres tribus de l'île.

Sous la domination du peuple merina, ou hova, l'Etat malgache avait la physionomie que voici : à sa tête était un souverain; ce souverain, en 1896, était une reine; à côté du souverain, un premier ministre. C'était celui-ci qui avait la réalité du pouvoir et il n'est pas exagéré de dire que ce pouvoir était dictatorial. A la tête des provinces, des gouverneurs politiques et administratifs. Ils relevaient du premier ministre. Ils avaient dans leurs attributions la police, la perception des impôts, l'état civil, le notariat, la voirie, la santé publique, le contrôle des étrangers, la surveillance des seigneurs féodaux.

Les provinces occupées par les tribus subjuguées obéissaient aussi à un gouverneur. Ce personnage campait généralement, avec une garnison, dans une forteresse. Il avait les pouvoirs d'un chef militaire.

Au-dessous des gouverneurs civils ou militaires, les villages étaient constitués en fokon'olona ou communautés. Ces communautés avaient pour organe administratif un Conseil des Anciens. Il s'occupait des irrigations, des digues, des ensemencements, des labours, de la police locale, des chemins locaux, de l'aide aux orphelins, aux vieillards. Il était fort bien adapté à l'état des mœurs et aux besoins de la population.

Devant l'hostilité persistante du gouvernement hova, la France dut s'en débarrasser. Elle fut donc amenée à doter l'île d'un régime gouvernemental administratif nouveau.

A la tête de la colonie est placé un gouverneur général. Il réside à Tananarive. Tous les chefs de service, y compris le commandant des troupes, relèvent de son autorité. Il donne leur affectation aux fonctionnaires que la métropole met à sa disposition. Il promulgue les lois et décrets; il établit les budgets à soumettre à Paris à l'approbation du pouvoir exécutif.

Pour l'assister, le gouverneur général a auprès de lui plusieurs grands organismes.

Un conseil d'administration, où entrent, avec les hauts fonctionnaires, quatre notables européens et deux notables indigènes, a pour mission de donner un avis consultatif sur les questions qui intéressent la vie administrative de la colonie.

Un conseil du contentieux administratif connaît des contestations d'ordre juridique auxquelles donnent lieu l'application et l'interprétation des textes dans les actes administratifs.

Un conseil de défense a dans son ressort ce qui a trait à l'organisation et à la défense militaire de la colonie.

Un contrôle financier suit les dépenses et vise toutes les décisions qui peuvent intéresser les finances de la colonie.

Enfin, les délégations financières et économiques, en partie nommées par le gouverneur, en partie élues par les colons européens et par les indigènes et divisées en deux sections : l'une française, l'autre indigène, sont conviées à participer à l'étude des grandes questions qui ont trait à la vie économique et financière des pays qui relèvent du gouvernement général.

Madagascar est, en outre, représentée à Paris par trois délégués au Conseil supérieur des Colonies.

Depuis l'époque de la conquête jusqu'en 1927, Madagascar était restée divisée en vingt provinces, subdivisées en soixante-douze districts, plus un district autonome.

Ce morcellement, qui se justifiait au début, parut à la longue par trop favoriser la naissance d'étroits particularismes. De là la difficulté d'établir les coordinations nécessaires quand il s'agissait d'œuvres d'intérêt général comme par exemple l'établissement de grandes voies de communication. De là aussi la nécessité de trop fréquents recours à l'intervention des services centraux de Tananarive.

Un arrêté du Gouverneur général, en date du 15 novembre 1930, a réorganisé l'administration territoriale de Madagascar ; l'île a été divisée en huit régions qui ont pour chefs-lieux Tananarive, Tamatave, Fianarantsoa, Tuléar, Fort-Dauphin et Morondava, Majunga et Diégo-Suarez. Ces huit régions comportent elles-mêmes quarante provinces, et ces provinces comportent elles-mêmes des subdivisions et des postes de contrôle.

Les Comores, qui ont un statut à part, constituent un territoire distinct.

A la tête de chaque région est placé un administrateur en chef des colonies qui porte le titre d'administrateur supérieur, représentant direct du Gouverneur général et responsable vis-à-vis de lui du maintien de l'ordre public et de la bonne marche de l'administration à l'intérieur de la région.

Il dirige et contrôle l'action politique, administrative, financière et économique des administrateurs, maires et chefs de province. Il veille dans ses tournées de contrôle au fonctionnement des services administratifs et à la situation générale de la région et en rend compte au Gouverneur général.

Il exerce par délégation du Gouverneur général un contrôle général sur tous les services techniques dont les agents doivent répondre à ses convocations et lui fournir la documentation qu'il juge utile.

Il répartit entre les provinces le personnel mis à sa disposition par le Gouverneur général, à l'exception des chefs de provinces, nommés directement par le Gouverneur général.

A la tête de chaque province est un fonctionnaire du corps des administrateurs des colonies qui porte le titre de chef de province.

Responsable du maintien de l'ordre public et de la bonne administration de sa province. il veille à l'application des règlements et des directives de l'administrateur supérieur, qui règlent son action politique, administrative, financière et économique. Il exerce, par délégation de l'administrateur supérieur, le contrôle général sur les agents de tous les services qui doivent répondre à ses convocations et lui fournir la documentation qu'il juge utile.

Il affecte le personnel mis à sa disposition par l'administrateur supérieur et il a sous ses ordres les chefs de subdivisions et de postes de contrôle.

Les chefs de subdivisions sont choisis parmi les fonctionnaires du corps des administrateurs et des administrateurs adjoints ; ils exercent dans leur circonscription et par délégation du chef de province les fonctions administratives et judiciaires.

Ils président le tribunal du premier degré et exercent les pouvoirs disciplinaires vis-à-vis des indigènes en vertu du Code de l'indigènat.

Les chefs de poste de contrôle sont des agents de renseignement chargés de la police de leur territoire.

L'organisation régionale s'étend peu à peu à tous les services publics.

Fort sagement, la France a laissé subsister à la base de cette administration ces fokon'olona ou communautés indigènes, qui, après quelques perfectionnements, continuent à fonctionner dans les meilleures conditions et à rendre des services appréciés.

ORGANISATION DE LA JUSTICE

L'organisation de la justice est double à Madagascar. Il y a la justice européenne. Il y a la justice indigène.

A la tête du service judiciaire est placé un procureur général, assisté d'un avocat général, d'un substitut et d'attachés au parquet.

Aux citoyens français et aux personnes non françaises, qui peuvent justifier d'une nationalité étrangère, la justice est rendue par une hiérarchie de tribunaux qui présente quelques différences avec celle de la métropole.

Il y a des tribunaux de première instance à Tananarive, Tamatave, Diégo-Suarez et Majunga.

Il existe des juges de paix à compétence étendue à Mayotte, Nossi-Bé, Tuléar, Mananjary, Fianarantsoa.

Dans les localités moins importantes, le tribunal de paix est présidé par l'administrateur-chef de la province ou par un fonctionnaire désigné à cet effet.

Ces tribunaux appliquent les lois métropolitaines. Ils sont compétents non seulement pour régler les conflits entre Européens, mais aussi les litiges entre Européens et Indigènes.

Les crimes sont jugés par des Cours criminelles au nombre de neuf. Celle de Tananarive se compose de trois magistrats de la Cour d'appel, auxquels s'adjoignent deux assesseurs tirés au sort sur une liste de dix notables français domiciliés dans le ressort et dont la liste est dressée chaque année par le Gouverneur général. Dans les autres centres, la Cour criminelle est formée du Président du Tribunal de première instance, ou du magistrat qui le remplace, de deux fonctionnaires désignés par le Gouverneur général, et de deux assesseurs tirés au sort sur une liste de notables.

Une Cour d'appel, siégeant à Tananarive, se composant d'un président, d'un vice-président, de quatre conseillers, d'un conseiller auditeur, connaît de toutes les affaires civiles, commerciales ou correctionnelles jugées par les autres tribunaux.

Elle statue comme cour de cassation en ce qui a trait aux jugements de simple police.

Elle possède une section qui, au criminel, fonctionne comme chambre de mises en accusation et se prononce sur les instructions relatives aux affaires relevant des cours criminelles.

Pour les indigènes, au civil, il y a dans chaque province ou subdivision de province un tribunal de premier degré. Il est présidé par l'administrateur de la province ou de la subdivision, assisté de deux notables indigènes.

Au chef-lieu de chaque province, il y a un tribunal du deuxième degré. Il est présidé par l'Administrateur chef de la province, assisté de deux notables indigènes.

Au civil, ce tribunal a une compétence plus étendue que le tribunal de premier degré.

Il fonctionne comme cour d'appel pour les jugements rendus par les tribunaux du premier degré.

Complété par l'adjonction de deux fonctionnaires européens, il devient cour criminelle et juge tous les crimes commis par les indigènes.

Dernier trait de cette organisation judiciaire : Comme dans la plupart de nos autres colonies, les administrateurs chargés de la police et responsables de l'ordre public, ont en vertu des règles édictées par le Code dit de l'indigénat, le droit d'infliger aux indigènes des pénalités, d'ailleurs légères, par simple voie administrative.

D'une façon générale, on peut dire qu'un effort heureux a été tenté à Madagascar pour humaniser les pénalités infligées et pour donner des garanties aux indigènes en leur faisant place dans les tribunaux.

LE RÉGIME DOUANIER ET POSTAL

Relations avec l'étranger

L'Ile de Madagascar et ses dépendances, y compris les Comores, sont au point de vue douanier, placées sous le régime métropolitain (loi du 16 avril 1897, J.O.M. du 5 août 1897 ; loi du 13 avril 1928 sur le régime douanier colonial, J.O.M. du 11 août 1928). En conséquence, les produits étrangers importés dans la colonie sont soumis aux mêmes droits que s'ils étaient importés en France, On leur applique, dès lors, le tarif minimum, le tarif intermédiaire ou le tarif général, selon que le pays d'origine a droit ou non au tarif minimum ou au tarif intermédiaire, avec, s'il y a lieu, application des coefficients de majoration établis par le décret du 8 juillet 1929 (J.O.M. du 20 septembre 1929) et les décrets subséquents.

Les lois et décrets modifiant le tarif métropolitain sont de plein droit applicables à Madagascar. Ces textes doivent être promulgués par voie d'arrêtés du gouverneur général, dans un délai de quatre mois à dater de leur publication au « Journal Officiel » de la République Française.

Toutefois, des tarifications spéciales peuvent, par exception aux dispositions qui précèdent, être édictées pour certains produits par de décrets rendus dans la forme tracée par le décret du 2 juillet 1928, concernant l'application de la loi du 13 avril 1928 (J.O.M. du 11 août 1928).

Les conventions de commerce ne sont applicables aux Colonies qu'autant qu'elles le stipulent expressément (article 10 du même décret).

Les taxes spéciales qu'édictent ces décrets forment une tarification unique qui se substitue aux droits du tarif général et du tarif minimum. Elles sont exonérées des coefficients de majoration.

Par décret en date du 20 mai 1927 (J.O.M. du 28 mai), les droits de douane à l'importation sur les grains et farines de froment, d'épeautre et de métal ont été provisoirement suspendus à Madagascar.

Le décret du 20 février 1911, qui a accordé le tarif minimum aux marchandises originaires du Portugal, y compris les îles adjacentes de Madère, Porto-Santo et des Açores, n'est pas applicable à Madagascar. Ces marchandises sont, dès lors, à l'entrée dans la Colonie, soumises aux droits du tarif général. (J.O.M. du 14 août 1897).

Le bénéfice des droits réduits inscrits au tarif minimum est, en principe, subordonné à l'importation en droiture des pays d'origine. Mais on admet que les produits peuvent, sans perdre leur droit au tarif minimum, emprunter la voie d'un pays tiers, pourvu qu'il s'agisse d'un pays ayant droit lui-même au tarif minimum.

Les règles en vigueur dans la métropole pour la liquidation et le recouvrement des droits de douane sont applicables à Madagascar.

Relations avec la France et l'Algérie

Produits français. — Les marchandises originaires de France et d'Algérie ou qui y ont été nationalisées par le paiement des droits, sont exonérées des droits de douane à l'importation à Madagascar, sous la condition du transport en droiture et de la justification d'origine. Cette justification est établie par des passavants émanant des douanes métropolitaines. En cas de perte, ces titres peuvent être

JOUR DE FÊTE A FIANARANTSOA.

remplacés par des certificats des douanes métropolitaines rappelant les numéros et les énonciations des passavants ou par des certificats des mairies et des Chambres de commerce des lieux de production ou de fabrication annotés par ces mêmes douanes.

Les droits et prohibitions de sortie établis dans la métropole ne sont pas applicables aux expéditions à destination des Colonies (article 10 de la loi du 13 avril 1928).

Les produits étrangers sortant des entrepôts de France ou ayant transité à travers la France sans y avoir acquitté les droits sont, à l'arrivée de Madagascar, soumis aux mêmes droits que s'ils étaient venus directement de leur pays de provenance.

Les produits réexportés de France, en sortie d'admission temporaire, supportent, à l'entrée de Madagascar, les droits afférents à la matière première ayant servi à leur fabrication, à moins que ces matières premières ou les produits fabriqués n'y soient eux-même admis en franchise de droits.

Produits de Madagascar. — Les produits de Madagascar importés en France et en Algérie sont admis en exemption des droits de douane (mais non des taxes intérieures), à la condition de l'importation directe et de la production des justifications réglementaires : passavant et certificat d'origine délivrés par le bureau des douanes d'expédition.

Les marchandises en provenance de Madagascar sont, à leur entrée en France, assujetties à l'impôt sur le chiffre d'affaires établi dans la métropole par les lois des 25 juin 1920, 13 juillet 1925 et 4 avril 1926.

Les envois par la poste, à destination de France et d'Algérie, de marchandises ayant une valeur marchande, sont soumis à une réglementation spéciale (apposition d'une étiquette verte sur les paquets, etc.).

Les prohibitions d'entrée établies en France dans un intérêt d'ordre public ou comme conséquences de monopoles, sont applicables aux importations de Madagascar dans la métropole, qu'il s'agisse de produits de la colonie ou de produits étrangers (article 2 de la loi du 13 avril 1928) : tabac, cigares, cigarettes, allumettes chimiques et bois préparés pour allumettes, saccharine, munitions de guerre chargées, poudre à tirer, cartouches de chasse pleines (autres que pour sociétés de tir), contrefaçons en librairie, sauces de tabac, cartes à jouer, médicaments composés non repris dans une pharmacopée officielle, etc...

La loi du 25 juin 1920 et les décrets des 5 septembre 1920 et 19 août 1921 ont fixé les conditions que doivent remplir les rhums coloniaux à leur entrée en France. D'autre part, aux termes de la loi du 31 décembre 1922, l'exemption de la surtaxe de compensation instituée par l'article 89 de la loi précitée du 25 juin 1920, ne s'applique plus actuellement qu'aux rhums et tafias importés dans les limites d'un contingent fixé annuellement. Les produits de l'espèce importés en excédent de ce contingent sont assujettis au paiement de la surtaxe. Pour les modalités d'application de la loi du 31 décembre 1922, voir les décrets des 20 février et 13 avril 1923, l'arrêté du ministre des Finances du 14 septembre 1923, le décret du 26 août 1925 et l'arrêté du 13 octobre 1925 (J.O.M. des 14 avril 1923, 9 juin 1923, 12 janvier 1924 et 17 octobre 1925), le décret du 11 janvier 1926 (J.O.M. du 6 mars 1926), le décret du 15 avril 1926 (J.O.M. du 22 juin 1926).

Produits étrangers. — Les produits d'origine étrangère, soumis à Madagascar aux droits du tarif spécial et importés de Madagascar en France et en Algérie, acquittent, à destination, la différence entre les droits du tarif métropolitain et ceux du tarif spécial (article 8 de la loi du 13 avril 1928).

Relations avec les Colonies Françaises

Produits coloniaux. — Les produits originaires des colonies françaises et des territoires africains placés sous mandat français, importés à Madagascar, ne sont soumis à aucune droit de douane et réciproquement. Sont exceptés de cette règle, les fils et tissus de coton de l'Inde française auxquels la franchise n'est accordée que sous certaines conditions (transports direct et justification d'origine) et dans la limite d'un contingent (article 7 de la loi du 13 avril 1928).

Produits étrangers. — Les produits étrangers importés d'une colonie française à Madagascar sont assujettis au paiement de la différence entre les droits du tarif local et ceux du tarif de la colonie d'exportation (article 8 de la loi du 13 avril 1928).

Importations par la voie de la poste

Les paquets clos ou non clos expédiés de France, d'Algérie, de l'étranger ou des colonies françaises à destination de Madagascar et Dépendances et contenant des marchandises passibles de droits ou taxes, doivent être revêtus d'une étiquette, en principe de couleur verte, de six centimètres sur trois, portant la mention : « A soumettre à la douane », avec l'indication de la nature, de l'origine, du poids et de la valeur des marchandises. (Arrêté du 13 janvier 1925, J.O.M. du 31 janvier 1925).

Le commerce, l'agriculture et l'industrie à Madagascar

SON COMMERCE EXTERIEUR

Le commerce extérieur de Madagascar n'a cessé de se développer depuis l'occupation française. Voici le tableau des importations et des exportations de Madagascar depuis 1914 :

(Voir page suivante.)

BALANCE COMMERCIALE DE MADAGASCAR DE 1914 A 1929 INCLUS

ANNÉES	OBJETS D'ALIMENTATION		MATIÈRE POUR L'INDUSTRIE		OBJETS FABRIQUÉS		TOTAUX		BALANCE
	IMPORT.	EXPORT.	IMPORT.	EXPORT.	IMPORT.	EXPORT.	IMPORT.	EXPORT.	
	Fr.	Fr.	Fr.	Fr.	Fr.	Fr.	Fr.	Fr.	Fr.
1914.......	8.369.848	19.325.416	5.178.527	26.023.443	33.808.323	1.334.361	47.356.698	46.683.220	— 673.478
1915.......	7.178.505	29.008.650	7.939.737	35.425.083	28.649.103	1.632.382	43.767.345	66.066.115	+ 22.298.770
1916.......	10.113.773	39.484.645	11.021.953	41.674.356	80.819.911	3.856.206	101.955.637	85.015.207	— 16.940.430
1917.......	8.738.792	46.914.562	12.480.360	35.226.735	115.551.438	4.066.671	136.770.590	86.207.968	— 50.562.622
1918.......	16.097.131	61.899.007	77.845.686	6.321.891	8.327.010	23.561.815	102.269.827	91.782.713	— 10.487.114
1919.......	14.294.314	129.675.324	14.504.978	37.213.519	70.173.445	10.278.747	98.972.737	177.167.590	+ 78.194.853
1920.......	38.000.430	128.691.348	28.975.852	87.741.038	212.718.375	19.510.312	279.694.657	235.942.698	— 43.751.959
1921.......	23.740.640	69.465.907	36.094.822	29.669.076	166.085.586	9.173.114	225.921.048	108.308.097	— 117.612.951
1922.......	15.125.371	79.515.764	31.328.602	45.665.414	127.377.668	7.291.313	173.831.641	132.472.491	— 41.359.150
1923.......	18.129.646	103.506.069	31.220.566	79.587.862	160.468.085	8.746.850	209.818.297	191.840.781	— 17.977.516
1924.......	25.500.730	267.673.855	38.716.535	109.769.863	194.816.488	10.127.726	259.033.753	387.571.444	+ 128.537.691
1925.......	41.023.799	288.664.140	41.131.105	143.759.752	409.699.529	11.498.926	491.854.433	443.922.818	— 47.931.615
1926.......	76.850.942	310.601.301	62.155.670	211.428.927	453.605.932	13.826.761	592.611.944	535.856.989	— 56.754.955
1927.......	71.954.429	176.672.448	65.965.194	188.217.432	441.940.443	10.146.076	579.860.066	375.035.956	— 204.824.110
1928.......	70.145.685	193.293.612	100.168.745	269.615.417	518.246.911	20.687.506	688.561.341	483.596.535	— 205.964.806
1929.......	86.528.492	244.791.629	121.766.346	184.775.983	599.060.091	10.410.483	807.354.929	439.978.455	— 367.376.474

Si nous regardons les chiffres relatifs au poids, autant que les chiffres relatifs aux valeurs, nous constatons qu'en 1928 et 1929, le commerce extérieur de Madagascar s'est traduit de la façon suivante :

Poids (en kilos)

	Importations	Exportations	Total
1928...............	149.059.772	208.508.366	357.568.138
1929...............	172.366.194	200.528.429	372.894.623

En valeur (en francs)

	Importations	Exportations	Total	Balance
1928...	688.561.341	483.354.929	1.172.157.876	— 205.964.806
1929...	807.354.929	439.978.455	1.247.233.384	— 367.376.474

Deux ordres d'observations sont suggérées par ces données.

On voit d'abord que Madagascar — pays neuf — achète au dehors plus qu'il n'exporte. Cette situation tient à deux causes ; l'une est la conséquence des besoins toujours plus grands que l'outillage public (ports, chemins de fer, routes, établissements commerciaux ou industriels) exige et exigera pendant longtemps encore ; l'autre provient de la demande croissante en produits fabriqués de l'élément indigène que notre civilisation conduit insensiblement vers le mieux-être.

D'autre part, en 1929, la crise mondiale, qui a pesé très lourdement sur les pays neufs, a bien provoqué un fléchissement des exportations à Madagascar en valeur, mais le fléchissement en poids a été beaucoup plus faible et pour ainsi dire presque nul. C'est-à-dire que les prix ont sensiblement baissé, mais que les quantités exportées sont demeurées, à peu près aussi considérables que l'année précédente : la vitalité de Madagascar reste donc entière.

La part respective du commerce français et étranger, dans les importations et les exportations de Madagascar, est la suivante.

A la sortie de l'île, les pays destinataires sont :
— La France pour 79,5 0/0 ;
— Les Colonies françaises pour 4 0/0 ;
— L'étranger pour 16,50 0/0.

A l'entrée, le pourcentage des pays de provenance s'est trouvé être, en 1929, pour ces trois grandes catégories, exactement le même que celui des pays destinataires à la sortie.

Nulle est maintenant la proportion, aux entrées et aux sorties, des objets d'alimentation, des matières nécessaires à l'industrie et des objets fabriqués. Le tableau suivant l'indique pour 1928 et 1929.

Importations

		1928		1929	
Objets d'alimentation..............en poids.	11	0/0	10	0/0
— — . ... en val.	10	»	11	»
Matières nécessaires à l'industrie..en poids.	65	»	65	»
— — — en val.	14	»	15	»
Produits fabriqués..............,...en poids.	24	»	24	»
— — ... . en val.	76	»	74	»

Exportations

		1928		1929	
Objets d'alimentation..............en poids.	51	»	50 5	»
— — .... en val.	39	»	54	»
Matières nécessaires à l'industrie..en poids.	48	»	48	»
— — — en val.	56	»	40	»
Produits fabriqués................en poids.	1	»	1 5	»
— — .... en val.	5	»	6	»

Madagascar est donc, avant tout, importatrice de produits fabriqués et, pour partie à peu près égale, exportatrice d'objets d'alimentation et de matières premières.

Voici d'ailleurs le résumé des principales importations et exportations de Madagascar.

Les principaux produits exportés de Madagascar ont été, en 1929 :

Les bestiaux .... Fr. 3.282.742 »
La viande frigorifiée .... 24.602.488 »
Les conserves de viande .... 18.768.599 »

Les peaux .... 48.500.904 »
Les graisses animales .... 5.912.732 »
Le maïs .... 6.795.251 »
Le manioc .... 18.689.087 »
Le tapioca .... 3.348.716 »
Le riz .... 7.511.706 »
Les pois du Cap .... 22.435.918 »
Le coprah .... 3.085.552 »
Le sucre .... 8.1731.193 »
Le café .... 24.473.814 »
Les clous de girofle .... 7.262.087 »
Le tabac .... 3.474.270 »
La vanille .... 76.439.930 »
L'ylang-ylang .... 11.084.850 »
L'essence de girofle .... 6.221.040 »
Le raphia .... 42.295.036 »
Le rhum .... 4.457.391 »
Les gemmes .... 2.681.670 »
Le graphite .... 21.665.721 »
Les bois .... 3.720.666 »

Les principaux produits importés ont été en 1929 :

La farine de froment .... Fr. 8.596.241 »
Le sucre .... 10.570.526 »
Les sirops .... 4.438.950 »
Le lait concentré .... 3.944.780 »
Les vins .... 26.562.173 »
Le ciment .... 29.253.330 »
Le charbon .... 13.295.664 »
Le pétrole .... 26.119.115 »
Les fers et aciers .... 41.166.930 »
Les produits chimiques (environ). 8.000.000 »
La parfumerie .... 18.126.178 »
Les tissus de lin .... 1.845.785 »
    —   de jute .... 20.349.394 »
    —   de coton .... 111.927.737 »
    —   de laine .... 8.712.635 »
    —   de soie .... 46.257.040 »

La lingerie .... 23.810.820   »
Les vêtements .... (environ) 25.000.000   »
Les chaussures .... 13.659.000   »
Les machines .... 34.000.000   »
Les ouvrages métalliques ...... 59.000.000   »
Les instruments de musique ...... 4.900.000   »
Les automobiles .... 25.515.728   »
Les pneumatiques .... 11.143.260   »

LES PRODUITS DU SOL

L'Agriculture demeure la grande richesse de Madagascar. Elle fournit aux trois millions et demi d'êtres humains qui vivent sur le sol de l'île la base de leur alimentation quotidienne. Et elle fournit en outre, si l'on fait entrer ces produits forestiers dans le cadre de la production agricole, près des deux tiers du commerce d'exportation de l'île : 270 millions de francs sur 440 en 1929.

Ce qui frappe dans l'examen des statistiques par lesquels se traduit la vie agricole de Madagascar, c'est l'extrême variété des cultures. Au contraire de certaines de nos colonies où la monoculture est une règle et un danger, Madagascar produit les espèces les plus diverses, depuis les fleurs aux essences rares jusqu'au manioc destiné à la consommation la plus courante des hommes et des animaux. Cette diversité est due, évidemment, à la diversité même des climats qui règnent sur l'île : les contrées chaudes et humides de l'est conviennent à merveille aux cultures exotiques, en même temps qu'elles sont le domaine d'élection de la forêt tropicale ; les hauts-plateaux, plus froids, moins régulièrement arrosés, se prêtent plus volontiers à des cultures saisonnières comme le riz ou le maïs ; enfin les régions chaudes et sèches de l'ouest, outre la pâture qu'elles offrent aux troupeaux, sont également favorables au sisal, à l'arachide, au tabac, aux pois du Cap dont la culture commence à être pratiquée sur une échelle importante.

Est-ce à dire que Madagascar ne fournisse qu'un vaste échantillonnage, sans qu'aucun produit y atteigne de tonnage vraiment important ? Peut-être en a-t-il été ainsi dans les premières années de l'occupation. Aujourd'hui, du moins, grâce à un effort continu et qui se poursuivra, certaines denrées atteignent au contraire des volumes fort importants. Et l'on peut espérer ainsi que Madagascar joindra aux avantages de productions spécialisées et massives le bénéfice d'une diversité de cultures qui lui permettra de traverser sans dommage les crises économiques et les rigueurs de certaines années inclémentes.

Le tableau suivant, qui indique la répartition des principales cultures à Madagascar montre d'ailleurs très clairement ce double caractère de l'agriculture malgache.

PRODUITS	SUPERFICIES TOTALES	PRODUCTIONS EN TONNES
Riz..................	600.000 hectares	1.100.000 de paddy
Manioc.............	290.000 »	2.000.000
Maïs	90.000 »	127.000
Patates...........	99.000 »	395.000
Haricots	40.000 »	24.000
Pommes de terre....	32.000 »	160.000
Pois du Cap........	20.000 »	12.000
Arachides..........	17.000 »	25.000
Tabac	5.800 »	7.000
Caféïers...........	51.402 »	9.500 pour les surfaces en production
Cacaoyers..........	1.400 »	650 »
Vanilliers..........	25.000 »	1.000 »
Girofliers..........	15.000 »	400 »
Cocotiers	10 000 »	2.000 »

On retrouve encore ce double caractère (un peu atténué, sans doute, au point de vue de l'importance des volumes) dans le tableau suivant, qui indique les principales exportations de produits agricoles en 1929 :

Riz	7.224	tonnes
Manioc	35.190	—
Tapioca	1.674	—
Maïs	12.134	—
Pois du Cap	12.550	—
Haricots	1.155	—
Pommes de terre	1.001	—
Café	3.555	—
Cacao	174	—
Vanille	1.091	—
Girofle	599	—
Cannelle	1,7	—
Gingembre	1,6	—
Piment	183	—
Poivre	73	—
Kola	3	—
Sucre	4.989	—
Rhum	1.485	—
Tabac	1.158	—
Bananes sèches	265	—
Légumes frais	14	—
Fourrage	246	—
Arachides	1.239	—
Huile d'arachides	5	—
Bois communs	901	—
Bois fins	3.030	—
Bois odorants	181	—
Coprah	1.542	—
Ricin	2.470	—
Pignon d'Inde	1.576	—
Essence de girofle	88	—
Essence de cannelle	3	—
Essence de ylang-ylang	31	—
Essence de lémon-grass	43	—
Essence de géranium	0,4	—
Aloes	126	—
Sisal	419	—
Kapok	7	—

Coton	7	tonnes
Raphia	6.799	—
Rabanes	42	—
Piassava	117	—
Palka	1.732	—
Caoutchouc	3	—

Nous nous arrêterons plus particulièrement à la culture de riz, du manioc, du maïs, des légumes, des denrées exotiques, des plantes à parfums ainsi que des industries qui en dérivent. Et nous ajouterons quelques mots sur l'exploitation forestière.

Le Riz

Le riz qui est la base de l'alimentation indigène n'était pourtant cultivé que d'une façon tout à fait insuffisante à l'arrivée des Français dans l'île et même pendant les premières années de l'occupation. A telle enseigne que jusqu'en 1907, Madagascar, qui sera sans doute un jour une des plus gros exportateurs de riz du monde, était forcée d'importer chaque année une partie du riz nécessaire à sa consommation.

Un des soucis principaux de l'administration française a été le développement de cette culture fondamentale, de telle sorte que d'abord l'île puisse se suffire à elle-même, et qu'en outre une exportation substantielle et rémunératrice puisse être pratiquée.

Les résultats obtenus ont été assez satisfaisants pour qu'en 1924 l'exportation ait pu atteindre le chiffre record de 80.000 tonnes .Depuis cette date, sans doute la crise mondiale, les cyclones et les invasions de sauterelles ont provoqué une regression sensible : en 1929, par exemple, il n'a pu être exporté que 7.224 tonnes de riz de toute nature. Mais il est à espérer que ces causes passagères disparaîtront à bref délai et que l'exportation du riz pourra prendre un nouvel essor ; et peut-être n'est-il pas trop ambitieux d'espérer que bientôt 200.000 tonnes de riz pourront être annuellement vendues par notre grande colonie malgache.

Le riz est cultivé sur tout le territoire de Madagascar, et l'on peut dire qu'aucun village ne se fonde ou ne se développe si dans le voisinage des plaines ou des vallées ne peuvent être aménagées en rizières.

Il donne lieu, la plupart du temps, à une culture familiale ; et c'est seulement sur la côte ouest, vers Majunga et Ambato, qu'on trouve des rizières exploitées en métayage ou en fermage.

Le riz exige des soins très minutieux à la fois pour la préparation de la terre et pour la surveillance de la croissance.

Il faut d'abord diviser la rizière en parcelles aussi planes que possible, au moyen de petites digues établies à la main et perpendiculaires à l'écoulement des eaux, de telle sorte qu'elles peuvent être retenues en une couche de 0 m. 18 de hauteur environ. Bien que ces digues morcellent la rizière, elles sont absolument indispensables à une belle récolte de riz si le terrain est en pente et leur suppression diminuerait considérablement les rendements. D'ailleurs, elles gênent très peu les labours des rizières, même avec les charrues.

Les rizières sont ou bien piétinées par des bœufs, ou bien labourées à la bêche ou à la charrue. Le premier mode, le plus rudimentaire qui donne de médiocres résultats et qui fatigue les animaux, tend à disparaître au profit du labourage, et surtout du labourage à la charrue. L'administration a d'ailleurs agi très énergiquement dans ce sens. Elle a fait constater aux indigènes que l'emploi de la bêche était très onéreux et que, par sa longueur même, la culture à la bêche devait se poursuivre trop tard dans la saison pour que le sol fût suffisamment aéré. Elle a étudié un modèle de charrue adapté à la riziculture et, grâce à la mise au point d'une petite charrue araire de 30 à 40 kilogs, comportant une roue à l'avant et un versoir hélicoïdal, elle a permis aux indigènes d'obtenir des résultats si encourageants que le labour à la charrue tend à se généraliser rapidement.

Le labour qui se fait à une profondeur de 12 à 15 centimètres, pour assurer la destruction complète des premières herbes, n'est d'ailleurs que le premier temps de la culture du riz.

Il est suivi de l'émottage, longtemps pratiqué à la bêche, mais aujourd'hui pratiqué presque partout à l'aide de herses qui font un travail parfait.

Vient alors le repiquage des plants qui ont été semés en pépinière. Le repiquage d'un hectare exige une pépinière de 4 à 7 ares et demande 80 journées de travail. Il se fait quand la rizière, submergée est boueuse.

Il faut encore donner deux ou trois sarclages pour empêcher l'envahissement des herbes, qui sont les ennemies principales du riz.

Arrive enfin l'époque de la récolte, janvier à mai dans le centre, octobre-novembre sur le côté ouest. La moisson se fait encore à peu près partout à la main, avec des couteaux. Et ces gerbes transportées sur des aires en terre sont battues par les procédés les plus simples du monde : on se borne à les frapper sur une pierre ou sur un morceau de bois.

La majeure partie du grain ainsi obtenu est réservée à la consommation intérieure après avoir été séchée au soleil. Pour le reste, il est vendu soit à des intermédiaires indiens ou indigènes qui l'expédient tel quel, soit aux industriels qui se sont établis dans les grands centres rizicoles et qui décortiquent et blanchissent le riz avant de l'exporter.

Ainsi, à Tananarive, il existe une douzaine de rizeries ou décortiqueries, mues par l'électricité.

Dans la province de Fianarantsoa ,les Rizeries du Havre ont créé de belles plantations et installé une décortiquerie de paddy à Ambodilodava.

Dans la province de Majunga, la Compagnie agricole et industrielle de Madagascar, installée à Marovoay, la Compagnie occidentale de Madagascar, à Ambonio, l'usine de Majunga, trouvent dans la région de approvisionnements considérables de paddy pour l'alimentation de leurs établissements.

A Mananjary, une usine électrique, entre autres exploitations, fait la décortiquerie de riz.

Dans la province de Moramanga, une décortiquerie de paddy a été installée à Manakambohiny-Ouest, dans le district d'Ambatondrazaka.

On exploite également une usine près de Morondava, et la Société des Scieries du Menabe a installé, dans la même région, une décortiquerie de riz à vapeur.

Nous devons enfin mentionner : la Société de l'Ankaratra, dans la province de Diégo-Suarez, qui exploite une décortiquerie de riz ; la rizerie d'Ambositra et l'installation d'Ampasika, dans l'Itasy.

Le tableau suivant donne le chiffre des exportations de riz de Madagascar depuis 1913 :

1913	10.664.116 kilos
1914	3.343.159 —
1915	19.323.009 —
1916	31.143.359 —
1917	7.101.683 +
1918	9.243.052 —
1919	21.591.000 —
1920	33.400.000 —
1921	12.817.000 —
1922	20.780.000 —
1923	53.325.509 —
1924	79.646.198 —
1925	42.307.007 —
1926	22.291.581 —
1927	10.629.132 —
1928	11.512.913 —
1929	7.224.117 —

Nous avons signalé plus haut les causes — en grande partie accidentelles — auxquelles il fallait attribuer cette régression des exportations et nous avons dit qu'on pouvait espérer qu'elles disparaîtraient à bref délai. Madagascar, en effet, doit être une terre exportatrice de riz. Elle est assurément fort éloignée des pays consommateurs, et les

MARCHÉ DE TANANARIVE. — BOUCHER INDIGÈNE.

frais de transports grèvent lourdement ses prix. Mais cet inconvénient est beaucoup moindre lorsqu'il s'agit de riz de qualité supérieure. Or, précisément le climat et la terre malgaches conviennent particulièrement à la culture des variétés de choix. Le vary-lava, le tsipala peuvent avantageusement rivaliser avec les plus beaux riz du monde. Le vary-lava en particulier a beaucoup d'analogie avec le riz Caroline, dont on sait la réputation mondiale. C'est pourquoi il ne paraît pas téméraire d'espérer une exportation annuelle de 200.000 tonnes, si les riziculteurs s'orientent, comme c'est leur intérêt et celui de la Colonie, vers la production du riz de luxe.

Le Manioc

Le manioc est une plante remarquable qui se développe dans les latérites les plus pauvres de l'île. Selon la richesse des sols, le climat et les soins donnés à la culture, le rendement varie de 3 à 35 tonnes à l'hectare. Seules les terres humides ou fréquemment inondées sont impropres à sa culture.

Le développement de la plante exige un ou deux labours et un hersage avant la plantation des boutures, puis un certain nombre de sarclages qui font disparaître les mauvaises herbes et ameublissent le sol.

L'arrachage se fait à la main, 18 mois à 2 ans après la plantation et généralement entre juin et septembre. Et les racines sont séchées sur de vastes aires de terre battue.

Le manioc sert à la consommation locale des hommes et des animaux. Il est également exporté vers l'Europe où il trouve des utilisations multiples, notamment pour la fabrication des alcools et pour l'alimentation des animaux.

Cependant, il ne semble pas que ce soit sous sa forme primaire de racines que le manioc de Madagascar ait devant lui le plus bel avenir. En effet, le manioc sec constitue une matière extrêmement encombrante, 2 mètres cubes 200 à la tonne ; de telle sorte que des difficultés nombreuses font obstacle à son transport et à son embarquement rapide. Des frais très lourds viennent, de ce fait, grossir son prix.

Au contraire, les produits industrialisés du manioc, farine, fécule, tapioca, échappent, en grande mesure, à cet inconvénient et peuvent, par suite, se présenter dans de meilleures conditions sur le marché métropolitain.

Aussi de nombreuses exploitations se sont-elles fondées pour fabriquer les dérivés du manioc : une dizaine de minoteries, surtout dans le nord et le centre de l'île, une quinzaine d'usines, surtout dans la zone occidentale, fabriquent la farine, la fécule et le tapioca, enfin plusieurs féculeries.

Le manioc frais doit y être traité dans les 48 heures qui suivent son arrachage. Selon l'époque de la récolte, l'âge de la plante, le perfectionnement de l'outillage, il donne de 14 à 22 0/0 d'un tapioca de premier choix dont les qualités sont extrêmement appréciées du consommateur et qui peut rivaliser avec les meilleurs tapiocas du globe. Aussi l'exportation a-t-elle pu se développer d'une façon satisfaisante depuis quelques années. Voici, d'ailleurs, les chiffres de l'exportation depuis 1913 :

	Manioc kilos	Farine kilos	Fécule kilos	Tapioca kilos
1913	19.903.564	610.555	1.166 344	387.346
1914	15.717.307	688.996	333 417	468.763
1915	15.350.501	1.255.096	1.726.092	530.620
1916	15.019.930	3.066.929	2.585 375	590.700
1917	2.277.969	2.016.852	1.796.875	850.949
1918	20.731	75.027	508.599	166.356
1919	8.146.349	3.475.528	3.264.257	864.843
1920	18.532.831	5.751.154	1 230.502	465.305
1921	14.520.833	6.781.800	2.142.411	280.237
1922	13.897.602	2.072.053	1.019.017	318.708
1923	24.977.876	2.307.661	956.768	1.285.921
1924	46.946.650	5.120.496	971.922	2.502.333
1925	38.859.734	3.697.653	1.946.116	1.445.863
1626	40.746.012	1.888.741	1.119.983	1.990.964
1927	35.190.000	879.000	1.238.000	2.794.000
1928	39.984.094	370.305	916.490	2.212.460
1929	35.190.139	54.735	629.790	1.674.358

Le Maïs

Produit dans toutes les régions de la Colonie, mais particulièrement dans les terres les plus riches, Ankaratra, Itasy, vallées de la côte orientale, embouchures de la côte occidentale, le maïs est cultivé de la même manière qu'en Europe. Sur certains sols très fertiles, on a vu des indigènes le cultiver depuis 50 ans sans se donner la peine de recourir à une rotation des cultures. Et le rendement n'en va pas moins de 700 à 4.000 kilos à l'hectare.

La récolte se fait en avril.

Voici les chiffres de l'exportation depuis 1913 :

1913	580.561 kilos
1914	281.872 —
1915	1.148.931 —
1916	1.491.290 —
1917	531.388 —
1918	1.665.376 —
1919	1.536.128 —
1920	2.813.435 —
1921	2.806.500 —
1922	3.785.805 —
1923	11.170.061 —
1924	16.467.114 —
1925	15.898.828 —
1926	10.048.465 —
1927	4.105.093 —
1928	8.644.307 —
1929	12.134.379 —

Les Légumes

Outre les cultures de légumes analogues à celles de l'Europe, celle des haricots par exemple, ou celle des pommes de terre, qui réussit particulièrement bien dans l'Ankaratra et l'Itasy, ou celle enfin des patates, qui joue un rôle considérable dans l'alimentation des hommes et des animaux, Madagascar pratique en grand la culture des pois du Cap.

C'est surtout sur la côte ouest que l'on trouve les conditions les plus favorables à la venue des pois du Cap. On procède aux semis dès que les eaux se retirent des plaines qui environnent l'embouchure des fleuves. On donne quelques façons au cours de la végétation, et l'on récolte en septembre et en octobre.

La quasi totalité de la récolte est absorbée par l'exportation, qui a atteint, au cours de ces dernières années, les chiffres suivants :

1913	7.538.292 kilos
1914	8.561.891 —
1915	7.257.011 —
1916	11.572.100 —
1917	14.072.704 —
1918	12.440.166 —
1919	27.023.064 —
1920	16.416.288 —
1921	20.112.236 —
1922	14.700.676 —
1923	14.600.450 —
1924	10.276.363 —
1925	11.028.323 —
1926	10.128.320 —
1927	11.891.836 —
1928	12.510.920 —
1929	12.510.920 —

Les produits exotiques de Consommation

Outre le piment, le poivre, les clous de girofle, les principaux produits exotiques de consommation qui viennent à Madagascar sont : le café, le cacao, la canne à sucre et la vanille.

Le caféier, qui se développe dans toutes les régions de la Colonie où la saison sèche n'est pas trop longue, donne des rendements élevés, particulièrement sur la côte est, chaque fois qu'il trouve une terre riche et profonde et des ombrages modérés. Les semis sont pratiqués en pépinière ombragée ; puis les jeunes plants, âgés de 8 à 12 mois, sont mis en place par temps pluvieux, à des distances de 3 mètres 50 à 4 mètres, les uns des autres, dans des endroits abrités. Dans les grandes plantations, des appareils perfectionnés permettent la préparation du café. Quant aux plantations indigènes, elles commencent à se grouper pour obtenir la disposition d'un matériel également moderne. L'exportation qui n'était que de 160 tonnes avant la guerre a atteint jusqu'à 5.000 tonnes en 1927. En 1929, elle a été de 3.555 tonnes et elle a figuré pour plus de 24 millions dans les exportations.

Le cacaoyer qu'on pensait, à l'origine, devoir se limiter à la partie orientale de l'île, a maintenant conquis le Sambirano où il donne des résultats remarquables. L'exportation a passé de 32 tonnes en 1913 à 174 en 1929.

La canne à sucre vient particulièrement bien à Nossi-Bé et sur toute la côte Est. Les rendements s'améliorent avec l'emploi des engrais chimiques et le perfectionnement des méthodes de culture. L'usinage est pourvu des moyens les plus modernes, et l'on est en droit d'attendre des résultats de plus en plus favorables de cette culture qui est à la base d'une double industrie : celle du sucre et celle de l'alcool. L'exportation du sucre, qui était nulle avant la guerre, a atteint 5.000 tonnes en 1929, soit 8 millions 731.000 francs. Quant au rhum, il a figuré pour près de 15.000 hectolitres, soit pour 4 millions et demi de francs à l'exportation.

Encore plus importante — et de beaucoup — est la production de la vanille, puisqu'elle a donné lieu à des exportations d'une valeur de 76 millions et demi de francs en 1929. Cultivée dans toutes les régions chaudes et humides, la vanille a pour pays d'élection les environs d'Antalaha, où elle règne en souveraine maîtresse. La plante se multiplie par des boutures qui croissent rapidement et que viennent soutenir des tuteurs vivants. Outre les sarclages et les fumures, il faut pratiquer la fécondation artificielle des fleurs. Puis les gousses mûres sont récoltées et préparées avec le plus grand soin.

La production de Madagascar suffit à alimenter le marché mondial. Et il y a lieu de penser qu'avec des efforts soutenus, la grande Ile doit conserver le monopole de la vanille.

Voici d'ailleurs le chiffres des exportations depuis 1913:

1913	59.790 kilos
1914	113.342 —
1915	233.587 —
1916	216.647 —
1917	278.675 —
1918	282.899 —
1919	357.421 —
1920	533.114 —
1921	491.014 —
1922	518.401 —
1923	283.391 —
1924	298.193 —
1925	411.781 —
1926	619.312 —
1927	493.649 —
1928	681.389 —
1929	1.091.999 —

Le Tabac

La culture du tabac, qui était pratiquée depuis très longtemps par les indigènes pour leur consommation propre, a été intensifiée par la Régie, qui a remplacé la variété indigène contenant de 7 à 9 0/0 de nicotine par une variété de Maryland dosant de 0,75 à 4 0/0 de nicotine.

Les exportations annuelles sont de 1.000 tonnes environ achetées par la Régie ; elles pourront s'élever à 2.500 tonnes.

Semis effectués en pépinières ombragées. Repiquages en place dès l'arrivée de la saison des pluies, dans certains centres, ou aussitôt que les eaux de pluies se retirent des plaines, tel est le cas à la côte ouest.

Binages successifs, buttage, ecimage. Récolte des feuilles de 80 à 120 jours après le repiquage. Les feuilles enguirlandées sèchent sous des abris pendant 30 à 35 jours. Puis triage, manocage et fermentation.

Les quelques formes de Maryland adoptées par les services de l'agriculture sont très appréciés : elles fournissent un tabac, très combustible, d'une belle couleur et d'un arome agréable.

Les Plantes à Parfum

Le climat de Madagascar permet la culture de nombreuses plantes à parfum, telles que la girofle, la cannelle, l'ylang-ylang, le lemon grass.

Les plantations de girofliers, d'abord cantonnées dans l'île de Sainte-Marie se sont peu à peu étendues sur toute la côte Est, de Vohémar à Fort-Dauphin. Les girofliers sont de jolis arbres, de belle venue, dont les feuilles distillées donnent une essence agréable. On en a exporté 88.872 kilos en 1929, d'une valeur de plus de 6 millions.

Beaucoup moins importante, l'exportation d'essence de cannelle n'atteint encore que 3.317 kilos.

Par contre, l'ylang-ylang, dont les plantations se développent rapidement sous les cocotiers de Nossi-Bé et du Sambirano, a donné à l'exportation 31.671 kilos d'essence valant 11 millions.

De même, le lemon-grass, dont la culture est relativement facile et dont, après la distillation, on peut utiliser les tiges et les feuilles pour la consommation du bétail, a donné lieu à l'exportation de 43.484 kilos d'essence, d'une valeur de 1.300.000 francs.

Toutes ces cultures peuvent aisément être développées

selon l'extension de la demande mondiale, et il n'est pas douteux que Madagascar est un des pays les mieux situés pour produire dans des conditions avantageuses toutes les essences précieuses.

Les Oléagineux

Les plantes à huile semblent appelées à prendre une extension croissante à Madagascar, notamment l'arachide, le cocotier et le ricin.

Il y a des centaines d'années que les indigènes cultivent les arachides sur de petites surfaces.

Mais c'est depuis quelques années seulement que cette culture a pris de l'importance en vue de l'exportation. D'ailleurs cette plante améliore le sol et elle fera partie de plus en plus de la rotation des cultures, au fur et à mesure de l'éducation agricole des cultivateurs.

Il a été exporté 1.239 tonnes en 1929.

La variété indigène est traçante et de ce fait les désherbages, les buttages se font à la main. De plus, la récolte des gousses est difficile et très longue.

Depuis 1922, l'Administration conseille et distribue dans les principaux centres producteurs d'arachides de nouvelles variétés à port érigé : Valencia, Bunch à petites gousses, Bunch à grosses gousses et Buitenzorg. Ces dernières variétés peuvent être binées, buttées et arrachées avec des instruments agricoles à traction animale. L'arrachage est aisé.

Ces variétés à port érigé, très faciles à cultiver sur de grandes étendues, riches en huile et pourvues d'autres qualités recherchées par les industriels européens, permettent d'envisager une grande extension des cultures. Et la production est devenue ainsi beaucoup plus rémunératrice.

Les graines sont généralement expédiées telles quelles : les huileries qui sont installées à Madagascar travaillent surtout pour la consommation locale. Quant aux cocotiers, jusqu'ici disséminés au bord de la mer, il semble qu'ils seront avantageusement cultivés, dans l'avenir, dans les polders de la côte ouest, où le cocoteraies fructifient rapidement. Certes, il y a des dépenses à engager. Mais la marge de bénéfices est si considérable que l'opération vaut d'être tentée, d'autant que la préparation du coprah est facilitée par un climat relativement sec et que la teneur en huile est élevée. Et l'on doit penser que la colonie n'en restera pas longtemps à 1.542 tonnes, chiffre qui a été celui de l'exportation du coprah en 1929.

Le ricin enfin, dont l'exportation, croissante d'année en année, a été de 2.470 tonnes en 1929, est surtout cultivé dans le sud-ouest, dont le climat et le sol se prêtent admirablement à sa production. L'huile produite est très appréciée et un large avenir semble d'autant mieux assuré à cette culture que la demande s'est accrue avec le développement de certaines techniques comme l'aviation

Les Plantes à Fibre

Parmi les plantes à fibre de Madagascar, le raphia, l'aloès et le sisal sont les plus importantes.

Les exportations de raphia ont atteint 9.907 tonnes en 1928 et 6.799 en 1929. Il faut y ajouter l'exportation des rabanes, étoffes tissées avec la fibre de raphia séchée par les indigènes : 230 tonnes en 1928. Sans doute la production deviendra-t-elle plus considérable lorsque les mesures prises par le gouvernement général, pour améliorer et encourager la traite du raphia, auront produit leur plein effet.

La colonie a, d'autre part, exporté ces dernières années environ 1.000 tonnes de fibres d'aloès par an, à quoi il faut ajouter deux millions de chapeaux de fibre d'aloès.

Quant aux exportations de sisal, qui ne dépassent guère 250 tonnes encore, elles se développeront avec le rendement des nouvelles plantations qui viennent d'être faites à Tuléar et Diégo-Suarez.

L'Exploitation des Forêts

Les bois de la Grande Ile doivent être classés en deux catégories : les bois tendres comprenant une assez grande variété pouvant suppléer au pitchpin et au sapin, et les bois durs dans lesquels se classent les essences d'ébénisterie et de marqueterie.

Parmi celles-ci, les principales sont l'ébène noir, très répandu dans l'île, le palissandre et le bois de rose.

Les exportations ont atteint, en 1929, le chiffre de 3.976 tonnes et ce tonnage est presque exclusivement constitué, d'une part, par des bois de luxe et d'ébénisterie, qui sont exportés sur la métropole et, d'autre part, par des traverses de chemin de fer qui sont absorbées par l'Afrique du Sud, l'île Maurice et la Réunion (1).

L'exploitation forestière a amené la création de scieries ou d'industries diverses dans un grand nombre de régions de la colonie.

A Ambositra ont été installées deux scieries mécaniques. On y trouve également la marqueterie de M. Bla vette, qui fut l'initiateur de cette industrie artistique et qui a formé depuis plusieurs marqueteries indigènes.

Dans la province de Diégo-Suarez, deux scieries hydrauliques ont été montées à Sakaramy et à Marovato.

Dans la forêt d'Ambodinato, dans la province de Farafangana, a été établie une scierie mécanique perfectionnée.

A Fianarantsoa, fonctionne également une scierie mécanique qui s'occupe en même temps de travaux de menuiserie.

Dans la province de Majunga, une scierie et un atelier d'ébénisterie ont été installés à Majunga et, dans le district de Port-Bergé, à Marokovotra, une scierie a également été mise en exploitation.

A Maroantsetra, existe, depuis 1917, une industrie spé-

---

(1) Bois communs, 901 tonnes ; bois d'ébène, 405 t. ; bois de palissandre, 2.603 t. ; bois de rose, 6 t. ; bois odorants, 61 tonnes.

ciale, une charpenterie de marine. Un atelier-école, installé dans le port, construit des goëlettes de moyen tonnage, des chalands et des baleinières de haute mer.

Dans la province de Moramanga, on ne compte pas moins de cinq scieries : celle de Besariaka, celle d'Ambinany-Périmet, celle d'Anjiro, celle d'Analamazaotra, celle d'Ambodiriana-Sahantandra.

A Morondava, comme à Maroantsetra, nous trouvons un atelier de constructions maritimes à M. Joachim, pour la construction de goëlettes et chalands.

A Tananarive, nous comptons trois scieries mécaniques, six ateliers de menuiserie et d'ébénisterie, dirigés par des Européens, quatre par des indigènes et plusieurs autres petits ateliers qui, tous, font usage du courant électrique.

Enfin, à la Grande-Comore, une société anonyme a installé une scierie mécanique à Boboni, où sont débités planches, lames de parquet, chevrons, traverses, etc. Cette scierie est reliée à Moroni par une voie Decauville.

Cette longue énumération des usines et scieries locales permettrait de penser que la Grande-Ile se suffit à elle-même. Malheureusement, il n'en est rien, et les bois de charpente et de menuiserie qui lui sont nécessaires sont importés de Pologne, de Finlande, de Norvège, de Suède et de Tchécoslovaquie. Les achats en sont faits en livres sterling, le fret est payé en livres sterling et l'on peut, de ce fait, se rendre compte du prix de revient, sur place, des matériaux importés, lesquels, suivant leur destination locale, sont encore grevés de frais de transport sur place parfois très onéreux.

**

A Madagascar, le déboisement est considérable à l'heure actuelle ; d'une part, pour les besoins des chemins de fer, dont les locomotives chauffent uniquement au bois ; d'autre part et surtout, par le fait des indigènes qui, pour l'aménagement de leurs tavys ou rizières de montagne, détruisent les forêts par la hache ou par le feu.

Fort heureusement, l'électrification des voies ferrées est envisagée. Par ailleurs, l'exploitation de gisements importants de charbon, reconnus dans la région de Tuléar, permettra de chauffer les locomotives des divers réseaux avec économie et, dans cette hypothèse, de rapides repeuplements forestiers pourront être entrepris.

Quoi qu'il en soit, les forêts de Madagascar sont assez vastes pour fournir des quantités de bois considérables et nous entendons par là, non point les bois précieux ou les bois de luxe qui sont du domaine de l'exportation, mais les bois de charpente et de menuiserie ordinaires, qui pourraient largement contrebalancer les importations toujours très coûteuses.

Il a été démontré qu'une usine établie sur place, en admettant que ses frais soient exactement les mêmes qu'une usine d'Europe, fût-elle même installée en Norvège, pourrait livrer à la consommation locale des matériaux aux mêmes prix que celle de la métropole, mais ces matériaux ne seraient pas grevés, d'abord, du prix très élevé de transport par voie ferrée en Europe et, ensuite, du fret actuellement très onéreux, parce qu'il est payé en livres sterling.

LES PRODUITS DU SOUS-SOL

Passé et avenir de l'industrie minière malgache

L'industrie minière à Madagascar a longtemps consisté à peu près exclusivement dans l'extraction de l'or, qui était déjà pratiquée à l'époque de la domination hova et qui a fait un bond très rapide dans les premières années de l'occupation française.

Aujourd'hui pourtant, la production de l'or n'est plus que l'un des aspects de l'activité minière de la Grande Ile, et non le plus important. Par la valeur de leurs produits, l'industrie du graphite et du mica dépassent actuellement de beaucoup l'industrie de l'or : en 1929, par exemple, Madagascar a produit pour près de 25 millions de francs de graphite, pour sept millions et demi de mica et pour 3 millions seulement d'or, tandis que la production de pierres précieuses atteignait, pour sa part, 2 millions. Le règne du métal jaune semble donc fini à Madagascar, au profit du graphite et du mica.

Ceux-ci tiendront-ils encore longtemps la tête de la production minière de notre grande colonie ? Il est bien possible qu'au contraire, ils soient bientôt détrônés à leur tour par des matières premières à la fois plus aisées à vendre, le charbon par exemple, et le fer et le pétrole.

Déjà des gisements de charbon importants ont été découverts et mis en exploitation dans la vallée de l'Onilahy (district de Betroka) ; quatre couches d'un charbon assez analogue à celui du Natal y ont été reconnues, dont la plus épaisse a une puissance de 2 mètres à 2 m. 50 ; ce charbon, qui ne donne que 20 0/0 de cendres, 30 0/0 de matières volatiles et 52 0/0 de carbone fixe, et dont la puissance calorifique est de 6.500 calories, a été essayé sur le « Bagdad » où il a donné de très bons résultats, ainsi que sur les locomotives des chemins de fer de la colonie ; et l'on estime que le gisement offre les plus belles perspectives d'exploitation et de durée. Plus récemment encore, un autre gisement charbonnier, d'un intérêt non moins grand : il s'agit d'un gisement de tourbe grasse situé dans la vallée de la Sakoa, au Sud-Ouest de l'île, à 130 kilomètres de Saint-Augustin. Le combustible n'y donnerait que 70 0/0 de cendres seulement et 22 0/0 de matières volatiles ; la puissance calorifique atteindrait 7.300 calories et si l'on en croit les travaux de prospection très minutieux auxquels on s'est livré, on se trouverait en présence d'une réserve de 300 millions de tonnes de charbon aisément exploitables ; ce serait donc une prodigieuse richesse qui se serait révélée dans le sous-sol de l'île, et dont la proximité du port de Tuléar rendrait l'utilisation facile et relativement peu coûteuse.

Par ailleurs, on attend de l'exploitation des grès bitumineux de l'Ouest une production de pétrole appréciable et l'on nourrit l'espoir d'exploiter les puissants gisements de fer qui existent sur la bordure orientale des hauts plateaux et dans le Betsiriry.

De telle sorte que des perspectives tout à fait nouvelles s'ouvrent pour l'industrie minière de Madagascar, perspectives d'un intérêt d'autant plus grand que leur réalisation n'aurait pas seulement pour effet d'accroître les richesses et la production de l'île : elle permettrait en même temps une modification profonde des conditions actuelles de l'industrie minière malgache.. Aujourd'hui nous sommes en présence de gites diffus et discontinus, comme ceux de l'or, du mica, des gemmes. L'exploitation industrielle en est à peu près impossible, la discontinuité des gisements faisant toujours redouter qu'ils soient épuisés avant même que les capitaux investis dans l'outillage industriel aient pu être amortis. Demain, au contraire, si nous exploitons les couches de houille massives qui existent dans les terrains sédimentaires du Sud-Ouest malgache, c'est vraiment à une exploitation industrielle, stable, rémunératrice, que nous pourrons nous livrer. L'assiette économique et financière de la colonie en serait affermie dans des proportions sur lesquelles il est à peine besoin d'insister.

Pour le moment, nous n'en sommes pas encore là. Ce n'est pas vers l'avenir minier de Madagascar que nous devons nous tourner, mais vers son présent, c'est-à-dire plus simplement vers l'extraction du graphite, du mica, de l'or, des pierres précieuses et des phosphates qui sont à l'heure actuelle les principaux produits du sous-sol de Madagascar.

Le Régime Minier
et la situation actuelle de l'industrie extractive

Un décret du 19 juillet 1923, complété par des arrêtés des 7, 8 et 10 décembre de la même année, a établi la législation qui régit actuellement l'industrie minière de Madagascar.

Pour exploiter une mine, il est nécessaire d'en obtenir la concession ; celle-ci est accordée après obtention d'un permis de recherche ou après adjudication pour certaines substances : le fer, les hydrocarbures liquides et les combustibles minéraux.

Le permis de recherche confère à son titulaire le droit exclusif de rechercher des gîtes d'une catégorie déterminée, à l'intérieur d'un périmètre de forme carrée, dont les côtés ont une longueur de 5 kilomètres et sont orientés suivant les directions Nord-Sud et Est-Ouest. Ce permis est délivré moyennant un droit fixe de 150 francs et est valable pour deux années. Le périmètre est naturellement réduit s'il empiète sur une autre concession ou sur un territoire réservé aux adjudications ou interdit aux recherches.

Ces permis n'autorisent pas l'exploitation ; le permissionnaire peut simplement disposer des produits de ses recherches. Ils peuvent être renouvelés à deux reprises : la première fois pour deux ans, avec versement de 300 francs ; la seconde pour quatre ans, après acquittement d'un droit de 400 francs.

Le transfert d'un permis de recherche par vente, donation ou legs, est autorisé, mais doit comprendre la totalité du périmètre. Ce transfert est frappé d'un droit de 150 francs.

La concession confère à son titulaire le droit exclusif d'exploitation des gîtes d'une catégorie de substances déterminée à l'intérieur d'un périmètre fixé. Les concessions ne sont accordées qu'aux titulaires d'un permis de recherche non périmé au moment de la demande.

La concession des mines est valable pour soixante-quinze ans, renouvelable pour une nouvelle période de vingt-cinq ans. Elle donne lieu à la perception d'une taxe proportionnelle fixée à 5 0/0 de la valeur des substances au lieu de l'extraction.

La taxe de perception est déterminée annuellement par le Gouverneur général. Tout transfert de concession, à quelque titre que ce soit, ne peut porter que sur la totalité du périmètre. La déchéance des concessions est prononcée par le Gouverneur Général, dans le cas où le concessionnaire ne fournirait pas, dans un délai imparti, le chiffre de sa production, n'acquitterait pas les ordres de versement, ou encore si la concession est vendue sans autorisation, ou l'exploitation arrêtée sans motif sérieux. Lorsque la déchéance est devenue définitive, il est procédé à l'adjudication de la concession. Le produit de cette adjudication est remis à l'ancien concessionnaire, sous déduction des taxes arriérées et des frais. Lorsque le produit ne couvre pas les sommes dues à la colonie, le recouvrement est poursuivi par voie de contrainte.

En cas d'expiration ou d'annulation de la concession, l'ancien concessionnaire conserve ses droits sur les bâtiments et constructions établis sur des terrains de propriété privée, mais celles de ces installations faites en vue de servir à l'exploitation peuvent faire l'objet d'occupation temporaire pour les besoins de l'exploitation nouvelle. Les bâtiments et constructions existant sur les terrains du domaine deviennent la propriété de la colonie, et ce, sans indemnité. Un arrêté du Gouverneur Général peut décider que les engins d'exploitation et l'outillage pourront être acquis par la colonie ou le nouveau concessionnaire, moyennant une juste indemnité à fixer à l'amiable ou à déterminer par les tribunaux.

Des dispositions spéciales ont été prévues pour les substances de la huitième catégorie : hydrocarbures liquides et gazeux, bitumes, asphaltes et schistes bitumineux. C'est ainsi que le permis de recherche est valable pour quatre ans et le droit fixe est de 600 francs. Les renouvellements sont valables pour deux ans, moyennant un droit de 800 francs. Le premier renouvellement est subordonné à l'exécution d'un forage de 50 mètres de profondeur. Le deuxième renouvellement n'est accordé qu'après la justification de l'exécution d'un forage de 200 mètres.

Toutefois, par dérogation à ces dispositions, si sur un périmètre de recherche il a été reconnu l'existence d'hydrocarbures en quantité suffisante, le renouvellement est accordé sans conditions de forage.

Ce contrôle nécessaire et rigoureux de l'exploitation minière s'étend plus loin que l'octroi même des concessions. C'est ainsi que les marchandises extraites d'une mine doivent toujours, pour circuler, être accompagnées d'un laisser-passer. C'est ainsi encore que le commerce des pierres précieuses et de l'or est soumis au poinçonnage du service des mines.

C'est, par conséquent, une très lourde tâche qu'assument les trois laboratoires qui constituent cet important service, le Laboratoire de Chimie, le Laboratoire de Géologie et de Minéralogie et le Laboratoire d'Etude des Pétroles; les deux premiers situés à Tananarive, l'autre à Morafenobe, dans la province de Maintirano.

Le capital investi dans l'industrie des mines à Madagascar est estimé à plus de 150 millions, et le personnel employé, pour autant qu'on puisse l'évaluer, dépasse assurément le chiffre de 25.000 hommes.

Les résultats de l'exploitation en 1929 ont été les suivants :

SUBSTANCES	Production en kilos	VALEURS	
		en francs	en % du total
Graphite	14.803.000	24.964.600	63 22
Mica	380.075	7.451.500	18 89
Or	187 2	3.126.000	7 91
Pierres précieuses	6.406	2.025.600	5 13
Phosphates	13.441.000	1.344.000	3 40
Pierres d'industries	162.131	469.500	1 19
Corindon	64.700	77.600	0 19
Divers	51.536	29.400	0 17
		39.488.200	100 00

Le Graphite

Le graphite de Madagascar se présente généralement sous forme d'écailles de dimensions variables, mais toujours inférieures à un ou deux millimètres de diamètre. Exceptionnellement on le trouve à l'état d'aiguilles prismatiques ou même à l'état d'infiniment petits.

Cette variété de formes a son importance : avec la teneur en carbone, en mica et en oxyde de fer, c'est elle qui détermine la valeur du produit.

C'est dans la région des hauts plateaux que furent découverts les premiers gisements. Mais plus tard, la côte Est a été prospectée avec succès et l'on peut dire qu'aujourd'hui ses exploitations, dont le prix de revient n'est grevé que de frais de transports relativement légers, sont les plus florissantes.

L'exploitation a toujours lieu dans les carrières. Une fois l'abatage terminé, deux opérations essentielles restent à faire : le débourbage qui consiste en un premier lavage et en une classification des paillettes, et le raffinage, qui par des procédés variés permet de porter la teneur du produit en carbone à 85 0/0 et plus.

Les graphites de Madagascar sont surtout recherchés pour la fabrication des produits réfractaires et notamment des creusets de fonderie. Leur nature pailletée donne aux creusets une structure comparable à celle du bois, augmente leur solidité et évite leur fendillement. Quant aux poudres, si elles ne renferment pas de quartz, elles peuvent être employées pour la fabrication des lubrifiants et aussi des couleurs ; mais leur valeur est très inférieure à celle du graphite en paillettes.

Enfin les types les plus riches, tenant de 95 à 98 0/0 de carbone, sont absorbés par les industries électriques et notamment pour la fabrication des électrodes, des balais de dynamos, de moteurs, des piles sèches, des contacts électriques.

Le tableau suivant donne le chiffre des exportations annuelles depuis 1913 :

1913......................	6.314 tonnes
1914......................	7.749 —
1915......................	11.851 —
1916......................	25.481 —
1917......................	26.943 —
1918......................	14.623 —
1919......................	4.983 —
1920......................	14.425 —
1921......................	6.220 —
1922......................	6.675 —
1923......................	10.768 —
1924......................	11.556 —
1925......................	14.980 —
1926......................	11.454 —
1927......................	14.329 —
1928......................	13.897 —
1929......................	16.048 —

Les variations importantes qu'on peut constater dans ces chiffres annuels s'expliquent par les variations extrêmes qui ont caractérisé depuis quinze ans la demande de graphite. C'est ainsi qu'au lendemain de la guerre les stocks énormes accumulés pendant les hostilités ont gravement engorgé le marché. C'est ainsi encore que depuis quelques années une amélioration dans la technique des creusets a permis d'employer à leur fabrication une quantité moins grande de graphite. Est-ce à dire que l'avenir soit sombre ? Au contraire. Car si la technique est parvenue à améliorer l'usage du creuset, ce n'est qu'en utilisant des matières premières de qualité toute supérieure. La formule de l'avenir semble donc être : production restreinte d'une matière mieux raffinée et valant plus cher. Des facteurs nouveaux peuvent d'ailleurs intervenir : découverte d'emplois inédits pour ce produit si spécial qu'est le graphite ; ralentissement de la concurrence de Ceylan, qui se trouve aujourd'hui devant de graves difficultés de main-d'œuvre et d'exploitation, de telle sorte que l'avenir du graphite de Madagascar continue d'apparaître sous un jour extrêmement favorable.

Le Mica

Madagascar produit les deux sortes de mica les plus recherchées par l'industrie : le mica blanc, appelé aussi muscovite, et le mica ambré, ou phlogopite.

Incolore sous de faibles épaisseurs, la muscovite ou mica blanc prend, sous des épaisseurs plus fortes, des teintes grises, brunes, jaunâtres ou vert pâle. Elle est âpre au toucher, un peu cassante.

La phlogopite ou mica ambré offre, au contraire, un poli tout à fait remarquable lorsqu'on sépare les feuilles sous l'aspect desquelles elle se présente.

L'une et l'autre de ces deux espèces de mica ont les propriétés physiques remarquables et précieuses : divisibilité flexibilité, trnsparence, non conductibilité calorifique et électrique. Aussi sont-elles extrêmement demandées pour tous les isolements électriques. La tension limite de rupture est plus élevée pour la muscovite que pour la phlogopite : 18.000 volts contre 15.000 pour une plaque de 25 millimètres d'épaisseur. Par contre la phlogopite est souvent préférée à cause de sa souplesse et de sa plus grande élasticité.

La muscovite se trouve dans toute la région des hauts plateaux centraux tandis que les gîtes principaux de la phlogopite se rencontrent plus particulièrement dans le sud de l'île.

L'extraction se fait le plus généralement à ciel ouvert, dans de grandes tranchées ou de vastes excavations. L'exploitation par galeries souterraines, actuellement plus rare, semble cependant appelée à se généraliser.

La préparation est, techniquement, assez simple. Les cristaux sont d'abord débarrassés des matières étrangères, puis envoyés au clivage, où ils subissent un nettoyage et un fendage plus complets.

Ils sont alors, selon leurs dimensions, traités sous trois formes :

1° Les feuilles, d'épaisseur variable, mais toujours supérieures à 0 mm. 5, unies, planes, absolument saines, à bords découpés très franchement. C'est sous cette forme que le mica est le plus demandé dans toute l'industrie électrique, où il sert à l'isolement des segments de collecteurs, au garnissage des rainures d'induit, à la fabrication des magnétos, des appareils de T.S.F., des condensateurs, etc... ;

2° Les splittings, minces lamelles de moins de 0 mm. 5 d'épaisseur, qui, agglomérées par des liants tels que la gomme laque, constituent un isolant, suffisant dans bien des cas ;

3° La poudre, obtenue par le broyage des déchets et employée soit dans la décoration, soit comme lubrifiant.

Le tableau suivant donne le chiffre des exportations annuelles de mica depuis 1913 :

1913	5.730	kilos
1914	3.143	—
1915	1.163	—
1916	3.244	—
1917	257	—
1918	4.349	—
1919	18.662	—
1920	49.520	—
1921	140.709	—
1922	91.963	—
1923	165.141	—
1924	286.484	—
1925	267.217	—
1926	296.129	—
1927	544.244	—
1928	635.261	—
1929	426.653	—

La progression des exportations de mica dont témoigne la moyenne (la vente du mica en 1929 s'est, elle aussi, ressentie de la crise économique mondiale), est un indice de l'avenir qui est réservé à cette industrie, encore jeune, à Madagascar.

L'extension du réseau routier dans les provinces du Sud, particulièrement favorisées quant à l'importance et au nombre des gisements qu'on y rencontre, doit, en outre, permettre bientôt d'exploiter des déchets qui, jusqu'ici, en raison du coût élevé des transports avaient dû être abandonnés sur le carreau des mines. Enfin, l'importance des capitaux immobilisés ces dernières années dans les exploitations de mica, confirme ces pronostics et permet d'escompter pour l'avenir une production accrue et améliorée.

L'Or

L'or se trouve soit dans des gisements en place, soit dans des gisements remaniés.

Dans le premier cas, on le rencontre soit disséminé dans les schistes cristallins, soit dans des veines quartzeuses, soit enfin sous forme de filons. On n'a jamais exploité l'or des schistes ou des veines quartzeuses, en raison de l'irrégularité et de la discontinuité des gisements. Quant aux filons qui ont été trouvés dans le Nord vers Andavakoera, ils ont été exploités pendant la guerre, mais sont aujourd'hui à peu près épuisés et pratiquement abandonnés.

C'est donc exclusivement dans les gisements remaniés, et surtout dans les alluvions anciennes et actuelles, qu'on recherche aujourd'hui le précieux métal jaune, mais l'extrême dispersion des gîtes rend à peu près impossible l'emploi des moyens perfectionnés que pourrait procurer le progrès de la technique. On en est réduit à l'orpaillage pratiqué par les indigènes, qui lavent eux-mêmes à la batée les alluvions aurifères. Ce tâcheronnage devient d'ailleurs de moins en moins rémunérateur à mesure que le progrès économique de la colonie offre à la main-d'œuvre des emplois plus lucratifs.

Il ne faut donc pas s'étonner dans ces conditions si les chiffres de la production et de l'exportation décroissent assez rapidement. Et c'est le déclin très net de l'industrie aurifère qui se traduit dans le tableau de la production et de l'exportation de l'or à Madagascar depuis 1913 :

	PRODUCTION	EXPORTATION
1913	2.058.847	1.804.484
1914	1.782.538	1.624.483
1915	2.078.472	2.092.991
1916	1.515.367	1.449.905
1917	1.505.716	921.292
1918	844.191	643.547
1919	561.063	551.575
1920	518.771	322.190
1921	456.240	388.699
1922	577.658	418.960
1923	502.819	451.285
1924	349.239	336.511
1925	419.724	197.086
1926	306.603	196.965
1927	210.335	96.440
1928	195.171	32.475
1929	187.200	27.542

Les Pierres Précieuses

Si le diamant n'a encore été trouvé nulle part, à Madagascar, les autres pierres précieuses, par contre, sont abondantes dans la région des hauts plateaux cristallins.

Les béryls sont particulièrement abondants et particulièrement beaux à Madagascar. Bleus ou bleus-verts pour la plupart, on les rencontre surtout au sud d'Antsirabe, et dans les régions d'Ankazobé et de Tsaratanana. Sous l'influence du rubidium et du cesium, la teinte de certains béryls passe au rose ; et c'est en particulier sous cet aspect qu'on les trouve dans le gisement célèbre d'Anjanabonona.

Les tourmalines, qui proviennent surtout d'Anbandro-k+omlby et d'Anjanabonona, sont d'aspects et de propriétés extrêmement variables. Elles donnent à peu près toute la gamme des teintes, avec prédominance des noirs, des bruns et des verts.

Les grenats eux-mêmes se présentent sous diverses formes, la spessartite notamment, d'une jolie couleur orangée, et l'almandin-pyrope, qui va du rouge grenat foncé au rouge violet. Le centre de production le plus important se trouve au sud de l'île, entre Ihosy et Ambalavao.

Citons pour mémoire le triphane, la topaze, l'orthose, la cymophane, l'opale, l'améthyste.

De toutes ces pierres qui sont « égrisées »par les femmes indigènes, ce sont surtout les béryls et les grenats qui font l'objet d'un commerce actif. Ces derniers notamment entrent pour 20 0/0 environ dans la production des gemmes malgaches.

Voici le tableau des exportations de pierres précieuses depuis 1912 :

ANNÉÉS	Pierres de 1re série: Béryls, Saphir, Tourmalines, Opales.	Pierres de 2e, 3e série : Grenat, Orthose, Améthyste.
	(en kilos)	(en kilos)
1913...............	217	2
1914...............	197	769
1915...............	46	1
1916...............	186	5.704
1917	144	2.119
1918...............	159	788
1919...............	453	3.984
1920...............	1.029	2.952
1921...............	249	15.576
1922..	351	11.338
1923...............	237	5.989
1924...............	149	18.627
1925...............	149	23.086
1926...............	155	3.101
1927.	190	8.257
1928...............	137	3.629
1929...............	147	16.810

Quant aux valeurs que représentent ces exportations, elles ont beaucoup varié. Pendant fort longtemps, en effet, et par suite d'influences dont il ne nous appartient pas de chercher l'origine, les gemmes malgaches ont été systématiquement et injustement décriées. Les pierres de l'Inde et du Brésil tenaient le marché. Nos pierres de première qualité, pour des raisons faciles à concevoir, étaient écoulées comme originaires du Brésil ou des Indes, alors que les pierres défectueuses recueillies à Madagascar ou ailleurs étaient données comme de provenance malgache. Les ouvrages, les conférences de M. le Professeur Lacroix, secrétaire perpétuel de l'Académie des Sciences, ont beaucoup fait pour mettre un terme à ce regrettable état de choses. Des progrès restent encore à réaliser ; en particulier, le commerce des pierres gagnerait à être concentré entre les mains d'un petit nombre d'exportateurs, ayant des marques connues et s'attachant à avoir des livraisons à l'abri de toute critique. Mais d'ores et déjà, l'extraction des gemmes constitue pour Madagascar une ressource très importante et très sûre.

Autres Minerais. — Phosphates

Pendant quelques années, certains minerais radio-actifs ont été exploités à Madagascar. Ils sont aujourd'hui à peu près totalement délaissés depuis que les minéraux à radio-activité élevée du Katanga belge se sont imposés sur le marché mondial.

L'inventaire des richesses minières de Madagascar serait donc clos si nous n'avions à mentionner les gisements de phosphates de guano particulièrement abondants des îlots du Canal de Mozambique. Parmi ceux-ci, Juan-de-Nova est le producteur le plus important ; il extrait annuellement 6.000 à 10.000 tonnes de phosphates titrant en moyenne 28 0/0.

LA MISE EN VALEUR DE LA COLONIE

Après avoir établi sa domination presque sur toute l'île de Madagascar, le gouvernement hova eut pour principale préoccupation de fermer l'île aux Européens établis sur quelques points de la côte. Il s'opposa avec une inlassable énergie à l'établissement de tout système perfectionné de voies de communication. Il songea plutôt à placer des obstacles sur les pistes qui pouvaient exister çà et là. Il se plut à se retrancher sur les hauts plateaux, comme dans une forteresse qu'il voulait inaccessible.

Il en résulte qu'à l'heure de l'occupation française, tout était à faire pour doter le pays de communications rapides et faciles. Le général Galliéni se mit sans délai à l'œuvre pour opérer en cette matière les transformations nécessaires.

Le Réseau routier et le développement de l'Automobile

Aux pistes et aux sentiers où il n'était possible de circuler qu'à pied, en filanzane ou à l'aide d'une monture, l'Administration française entreprit de substituer dans l'île un vaste réseau routier. Ce réseau a acquis, en une trentaine d'années, un développement considérable et, chaque jour, il s'étend davantage. Il atteint aujourd'hui une longueur de 4.000 kilomètres et, sur ces 4.000 kilomètres, plus de 1.600 sont carrossables et accessibles aux automobiles.

L'Administration intéressée le divise en trois catégories:

1° Les routes d'intérêt général : elles sont empierrées et carrossables en tout temps ; elles relient entre eux les principaux centres de l'île ; elles sont construites entièrement sur le budget de la colonie ;

2° Les routes d'intérêt régional ; elles sont, elles aussi, empierrées et carrossables en tout temps ; seulement, elles sont établies avec l'aide de la main-d'œuvre prestataire ; le budget de la colonie prête son concours seulement pour l'empierrement et la construction des ouvrages d'art ;

3° Les routes secondaires ; celles-là ne sont pas empierrées ; elles ne sont carrossables qu'à certaines époques de l'année ; elles sont établies et entretenues par la main-d'œuvre prestataire.

Il est intéressant de voir au moins comment les routes d'intérêt général rayonnent à travers l'île.

La route centrale se dirige de Tananarive par Antsirabé, Ambositra, Fianarantsoa, sur Ihosy, où elle se divise en trois branches qui gagnent respectivement Farafangana, Fort-Dauphin et Tuléar.

La route de l'Itasy va de Tananarive à Miarinarivo et, après son achèvement, aboutira au port de Maintirano.

La route de l'Ouest, très importante, relie Tananarive au port de Majunga.

La route des placers réunit Diégo-Suarez à Ambilobé, avec un embranchement sur Vohémar.

La route de l'Est descend de Tananarive à Mahatsara, à peu près parallèlement au chemin de fer de Tananarive à la côte Est.

Enfin, la route de Fianarantsoa au port de Mananjary est l'exutoire du pays betsiléo.

C'est sur ces grandes artères que viennent se greffer routes régionales et routes secondaires.

Détail curieux : dans l'extrême sud de la colonie, l'état du sol est tel qu'un réseau important de routes non empierrées peut cependant, en toute saison, être utilisé par l'automobile, ce qui permet, avec des voitures Renault à six roues, d'établir d'une façon constante la liaison entre Tuléar, Betroka et Fort-Dauphin.

Au point de vue du tourisme aussi bien qu'à celui du commerce, il y a intérêt à connaître d'une façon assez précise le rôle que, déjà, joue l'automobile à Madagascar.

Voici à ce sujet des renseignements détaillés :

Pendant l'année 1927, les voitures automobiles ont assuré des services réguliers de Tananarive à Maevatanana ou Mananika (route de l'Ouest), d'Antsirabe à Ambalavao (route du Sud), de Fianarantsoa à Mananjary, de Tananarve à Miarinarivo et Soavinandrina, ainsi qu'un service spécial entre Ambohimahasoa et Vohipara.

Le parcours effectué en 1927 a été de 681.576 kilomètres, alors qu'en 1923 les voitures automobiles n'avaient parcouru que 252.756 kilomètres.

En 1913, les recettes totales du service des automobiles avaient été de 273.080 fr. 50. En 1927, elles ont atteint le chiffre de 3.007.102 fr. 95, se décomposant comme suit :

```
Voyageurs ................ Fr.   1.528.817 60
Bagages ......................   272.611 70
Marchandises ................   850.440 90
Transports postaux divers....   355.232 75
```

Et alors qu'en 1913, les dépenses totales avaient été de l'ordre de 284.468 fr. 57, elles ont été, en 1927, de 2 millions 977.816 francs 11, se décomposant de la manière suivante :

```
Personnel ................ Fr.   880.677 40
Matières consommables ......   1.388.574 55
Pièces de rechange et petit ou-
    tillage ..................   279.198 79
Bandages ....................   397.890 58
Divers (entretien de postes et
    détaxes) ................   31.474 79
```

On peut ainsi se rendre compte du développement pris par le service automobile à Madagascar.

Ce service a été assuré de la façon suivante en 1927-1928 :

Route de l'Ouest : Deux voyages par semaine entre Tananarive et Maevatanana (347 kilomètres) ou Mananika (372 kilomètres). Le nombre moyen des voitures mises en route à chaque départ a été de trois.

Route. du Sud : Deux voyages par semaine entre Antsirabe et Ambalavao (300 kilomètres). Le nombre moyen de voitures utilisées a été de quatre, pour le trajet Antsirabe-Fianarantsoa (247 kilomètres), et de deux, pour le parcours de Fianarantsoa-Ambalavao (53 kilomètres).

Route de Mananjary : Deux voyages par semaine entre Ambohimasoa et Mananjary (179 kilomètres), en correspondance à Vohipara avec une voiture venant de Fianarantsoa (59 kilomètres). Le nombre moyen de voitures mises en route a été de deux à chaque départ avec, chaque semaine, un camion supplémentaire de deux tonnes et quelquefois deux camions.

Route de Tananarive à Miarinarivo et à Soavinandriana : Un service bi-hebdomadaire a été assuré entre Tananarive et Miarinarivo (99 kilomètres) et entre Miarinarivo et Soavinandriana (45 kilomètres). Le nombre moyen de voitures utilisées a été, à chaque départ, de trois, entre Tananarive et Miarinarivo, et de deux, entre Miarinarivo et Soavinandriana.

En mai 1928, un service régulier par voitures légères a été commencé vers Tuléar. Un service de camions avec quatre cars de 12 CV a fonctionné vers Mananjary. Le 1er janvier 1929, trois voitures légères ont été mises en service entre Vatomandry et Kalomalala pour remplacer le service coûteux des hydro-glisseurs, qui seront mieux utilisés à Manakara.

Enfin, mentionnons le service spécial entre Ambohimahasoa et Vohiparara qui, depuis le 1er janvier 1927, est assuré par des camions actionnés au « gaz pauvre ».

Nous dirons, pour terminer, qu'indépendamment du service des automobiles dont l'importance augmente de jour en jour, la motorisation à Madagascar a pris une assez grande extension, que la construction de nouvelles routes carrossables ne fera que développer encore.

D'après les statistiques au 31 décembre 1928, il existait dans la Grande-Ile : 532 automobiles et cycle-cars de diverses marques jusqu'à 7 CV ; 935 de 8 à 12 CV ; 61 de 13 à 15 CV ; 67 au-dessus de 15 CV. Les camions et camion- nettes de diverses marques étaient au nombre de 45 jus- qu'à 7 CV ; de 203 de 8 à 12 CV ; de 59 de 13 à 15 CV et de 180 au-dessus de 15 CV.

Enfin, le nombre de motocyclettes et side-cars de diver- ses marques recensés était le suivant : 757 de 1 à 3 CV ; 256 de 4 à 5 CV et 43 de 6 à 9 CV.

Il est certain que, depuis cette époque, un nombre assez important d'autres véhicules ont été mis en circulation, mais nous n'en possédons pas le chiffre.

Les Voies Ferrées de Madagascar

Le réseau ferré à Madagascar n'est encore que de 600 ki- lomètres : la guerre de 1914-1918, avec les préoccupations qu'elle entraînait, en a retardé le développement. Il rece- vra une extension nouvelle, en exécution du programme de grands travaux à poursuivre dans la colonie.

La première ligne ferrée construite dans la colonie a été le Tananarive-Côte Est. Elle fut commencée en 1901. Le tronçon Brickaville-Tananarive fut achevé en 1909 ; le tronçon Brickaville-Tamatave en 1913. Dans son ensemble, la ligne, à écartement de un mètre, a une longueur de 369 kilomètres. Sa construction a nécessité d'assez impor- tants travaux d'art. Le trajet de Tananarive à Tamatave demande quatorze heures. Le matériel utilisé est très con- fortable. Les sites traversés, gorges, cascades, vallées, sont très pittoresques.

Une seconde ligne de chemin de fer en exploitation est celle qui joint Tananarive à Antsirabé, station thermale très fréquentée. Elle a été achevée en 1923. Elle est l'amorce d'une grande ligne nord-sud qui sera le « Central Malgache ».

Enfin, la troisième ligne en service dans l'île est celle de Moramanga au lac Alaotra. Elle aussi a été livrée à l'exploitation en 1923. Elle dessert une contrée à la fois riche et pittoresque. Elle est complétée par un service de chalands à moteur sur le lac.

Le prix des billets sur les chemins de fer de l'île est calculé sur les bases que voici :

Première classe : 0 fr. 26 par voyageur et par kilomètre.

Deuxième classe : 0 fr. 15 par voyageur et par kilomètre.

Troisième classe : 0 fr. 085 par voyageur et par kilomètre.

La troisième classe est réservée aux indigènes.

Les enfants obtiennent le transport gratuit jusqu'à quatre ans, la demi-place de quatre à sept ans.

Les billets d'aller et retour comportent une réduction de 25 pour cent sur le double du prix d'un billet simple.

Ils sont valables huit jours pour un parcours n'excédant pas 50 kilomètres, seize jours pour un parcours de 51 à 150 kilomètres, trente jours pour un parcours supérieur à 150 kilomètres.

Il a été institué des cartes d'abonnement trimestrielles, semestrielles, annuelles, pour les voyageurs.

Des réductions de tarif sont accordées selon des barèmes déterminés aux familles de trois enfants et au-dessus, ainsi qu'aux mutilés et aux réformés de guerre.

Le transport des bagages en grande vitesse donne lieu à la perception d'une taxe de 1 fr. 70 par tonne et par kilomètre. Cependant, le voyageur a le droit d'emporter avec lui un colis dont les dimensions n'excèdent pas 60 centimètres sur 30, et dont le poids ne dépasse pas 20 kilos.

Les marchandises transportées en grande vitesse sont assujetties à une taxe de 1 fr. 60 par tonne et par kilomètre.

Les marchandises transportées en petite vitesse ont été rangées en six catégories. Un barème a été établi pour chacune de ces catégories.

Des tarifs spéciaux existent pour le transport du bétail.

Pour les détails complémentaires, il y a utilité à consulter les tableaux qui se trouvent à l'Agence Économique de Madagascar, 40, rue du Général-Foy, Paris (8e).

Les Voies Navigables

Un bon réseau de voies navigables est, dans un pays donné, très favorable au développement des transactions commerciales. Madagascar, en raison de sa structure, ne se trouve pas, à cet égard, placée dans des conditions particulièrement avantageuses.

Les cours d'eau, sans doute, y sont nombreux. Mais ceux qui sont navigables ne le sont, souvent, que sur une assez faible partie de leur parcours et, en tout cas, ne sont accessibles qu'aux bateaux dont le tirant d'eau n'est pas très considérable.

Sur la côte ouest, la Betsiboka, avec ses affluents, offre une voie navigable de 245 kilomètres. Le Mangoky peut être remonté jusqu'à 250 kilomètres de son embouchure, l'Onilahy jusqu'à 230 kilomètres. Le Manambolo peut encore offrir à la navigation une voie d'eau de 140 kilomètres ; la Tsiribihina de 150 kilomètres. Les autres fleuves navigables de l'île le sont dans deux ou trois cas sur un parcours qui avoisine 100 kilomètres et, dans les autres cas, sur un parcours qui n'excède pas 70 kilomètres.

En attendant les améliorations à venir, le canal des Pangalanes, qui circule à travers les lagunes de la côte Est, est déjà utilisé par la navigation sur une longueur de 300 kilomètres. Le lac Alaotra est sillonné par les bateaux sur un parcours de 30 kilomètres, les autres lacs de l'île, sur un parcours qui varie de 100 à 150 kilomètres.

Les Ports

L'Océan Indien n'est point une mer de tout repos. Les moussons y soufflent. Si l'on joint à cela que les côtes de Madagascar ne sont pas très riches en bons mouillages, on comprend que l'accès de l'île présente quelque difficulté aux navires.

STATION D'ESSAIS POUR L'ÉLEVAGE DU MOUTON.

La côte Est, malgré les inconvénients qu'elle présente, a deux ports importants : Diégo-Suarez et Tamatave.

Diégo-Suarez possède une des plus belles rades du monde. Le port a des quais, des dépôts de charbon, des magasins, deux grues à vapeur, un bassin de radoub propre à recevoir des navires de 24.000 tonnes. Dans ses ateliers, quatre cents ouvriers se tiennent prêts à toutes les constructions et à toutes les réparations nécessaires. Il y a là une position maritime de grand avenir.

Tamatave doit son importance à sa situation au point d'arrivée du chemin de fer Tananarive-Côte Est et, aussi, à sa position sur le canal des Pangalanes. Le port a des quais, un outillage avec des grues à vapeur. Le trafic qui s'y opère équivaut au tiers du trafic extérieur total de la colonie.

A côté de ces deux ports, les meilleurs abris qui se rencontrent sur ce littoral oriental sont ceux de Vohémar, Angontsy, Sainte-Marie, Tintingue et Fort-Dauphin.

Les mouillages d'Antalaha, Vatomandry, Mananjary, Farafangana sont considérés comme médiocrement sûrs.

La rade de Mananjary est d'ailleurs destinée à être supplantée à bref délai par le port en voie de transformation de Manakara.

Majunga est le port principal de la côte ouest, au débouché de la vallée de la Betsiboka. Il y a un dépôt de charbon, un quai assez étendu, des magasins, des hangars, un outillage avec grues à vapeur.

Après Majunga, Tuléar, en relations avec l'Afrique, est le port le plus intéressant du littoral occidental. Analalava, la baie d'Hell-Ville à Nossi-Bé, celle de Dzaoudzi, dans l'île Mayotte, procurent aux navires des abris satisfaisants. Morombé, Morondava, Maintirano, détrôné par Namela, sont de moindre valeur.

Une vingtaine de phares facilitent la navigation sur les côtes de l'île. Le littoral nord-ouest et la région des Comores surtout sont bien pourvues de feux. La côte sud-ouest est, au contraire, à cet égard, assez déshéritée.

Les Postes et Télégraphes

Le service postal et télégraphique est assuré d'une manière aussi complète que le permettent l'étendue de la colonie et la nature du terrain.

Des courriers réguliers desservent toutes les localités de quelque importance, même dans les régions les plus éloignées ; le réseau télégraphique parcourt l'île dans ses plus grandes dimensions, reliant Tananarive à Tamatave, Diégo, Majunga, Morondava, Tuléar, Fort-Dauphin, à tous les ports de la côte est, à toutes les villes de l'intérieur.

Deux câbles sous-marins sont exploités, entre Majunga et Mozambique, entre Tamatave et la Réunion. Madagascar communique avec les Comores par radiotélégraphie.

Le poste fonctionne dans les mêmes conditions que dans la métropole.

Les villes pourvues d'un réseau téléphonique urbain sont au nombre de huit : Ambositra, Antsirabé, Diégo-Suarez, Fianarantsoa, Majunga, Mananjary, Tamatave, Tananarive.

Les autres localités ci-après sont dotées seulement de cabines téléphoniques sans réseau d'abonnés : Ambatolampy, Ambohimasoa, Ambalavao, Maevatanana, Mananika, Ambato-Boeni, Marovoay, Vatomandry, Mahanoro, Arivonimamo, Moramanha, Joffre-Ville, Sakaramy, Ivoloïna, Fanandrana, Melville, Farafangana, Tuléar et Morombé.

Des circuits interurbains relient : 1° le réseau de Tananarive aux réseaux de Tamatave, Majunga, Antsirabé, Ambositra et Fianarantsoa ; 2° le réseau de Diégo-Suarez aux postes de Joffre-Ville et Sakaramy ; 3° le réseau de Tamatave aux postes de Melville, Fanandrana et Ivoloina.

Télégraphie sans fil locale. — Madagascar possède actuellement huit postes radiotélégraphiques en exploitation

1° Diégo-Suarez. — Longueur d'onde d'émission, 300-600-1.200 mètres ; portée, 325 milles le jour, 600 milles la nuit ;

2° Nossi-Bé. — Longueur d'onde d'émission, 1.800 mètres ;

3° Majunga. — Longueurs d'onde d'émission, 300-600-1.200 mètres ; portée, 430 milles.

4° Dzaoudzi (Mayotte). — Longueurs d'onde d'émission, 300-600-1.200 mètres ; portée, 430 milles ;

5° Mutsamudu (Anjouan). — Longueurs d'onde d'émission, 800 et 1.200 mètres ; portée, 300 milles ;

6° M'Dé (Grande-Comore). — Longueurs d'onde d'émission, 600 et 900 mètres ; portée, 100 milles ;

7° Tamatave. — Longueurs d'onde d'émission, 600 et 1.200 mètres ; portée de jour, 200 milles ; de nuit, 600 milles ;

8° Sainte-Marie de Madagascar. — Longueur d'onde d'émission, 3.000 mètres ; portée, 160 milles.

Plusieurs nouveaux postes de T.S.F. vont être incessamment édifiés à Tulléra, Tamatave, Mohéli et Ambanja.

Grand poste de télégraphie sans fil de Tananarive. — En novembre 1924 a été inauguré le grand poste international de T.S.F. de Tananarive.

Cette station, située à 5 kilomètres de Tananarive, dispose de deux systèmes d'émission mettant en jeu la même puissance de 150 kilowatts dans l'antenne :

a) Une émission à ondes entretenues sur 15.700 mètres de longueur d'onde destinée au service courant et assurée par deux alternateurs à haute fréquence servant de rechange l'un et l'autre ;

b) Une émission à ondes amorties, à éclateur tournant. L'antenne utilisée par les deux systèmes d'émission est la même. C'est une nappe supportée par huit pylônes haubannés de 200 mètres de haut et espacés de 300 mètres les uns des autres. La superficie couverte par l'antenne est voisine de 30 hectares. Le montage des pylônes sur un terrain de rizières a nécessité des fondations importantes sur pilotis en béton armé.

L'œuvre sociale

L'HYGIÈNE

Un souci d'élémentaire humanité a toujours poussé les hauts fonctionnaires à qui la France a confié les destinées de Madagascar à porter leur effort sur l'amélioration de l'hygiène et de la santé publique dans la Grande Ile. Et depuis très longtemps déjà, la lutte a été systématiquement entreprise contre les fléaux traditionnels qui sévissent sur Madagascar comme sur la plupart des territoires africains.

Au lendemain de la guerre, à une époque où de vastes plans voyaient le jour pour le développement économique et pour l'outillage de l'île, les gouverneurs généraux, guidés par un sens très juste de la chose coloniale, ont bien compris qu'en réalité il ne saurait y avoir de développement économique et de grands travaux publics, dans un pays comme Madagascar, sans un nouvel effort social qui puisse donner à la colonie l'assurance qu'elle trouvera toujours sur son sol le contingent de travailleurs et de consommateurs nécessaires à la vie et à la mise en valeur d'un territoire grand comme la France.

Madagascar a eu le privilège d'être la première de nos colonies où fut rationnellement organisée la protection et la santé des indigènes : dès les premières années de l'occupation, l'assistance médicale indigène y a été créée par le général Galliéni, et elle a, depuis, donné des résultats probants. Il est certain, néanmoins, que la médecine sociale a fait depuis trente ans de tels progrès qu'il était nécessaire, si l'on voulait réellement faire œuvre utile, de reprendre sur des bases nouvelles, l'organisation esquissée naguère par le général Galliéni. C'est à cette tâche que le Gouvernement général s'est résolument attaché.

En serrant de près les statistiques établies par les services de l'état-civil, on a dû constater que, contrairement aux espoirs conçus dans les premiers temps de l'occupation, l'accroissement de la population de Madagascar était extrêmement faible et pratiquement presque nul. Depuis 1920, l'excédent des naissances sur les décès n'a été en moyenne que de 3.000 par an. Le taux de la natalité, suffisant dans les agglomérations, tombe extrêmement bas dans certaines provinces côtières : 12 0/0 dans celle de Majunga ; 9 0/0 dans celle de Fort-Dauphin ; 4 0/0 dans celle de Tuléar ; les maladies contagieuses, l'alcoolisme et parfois la sous-alimentation des adultes, sont les causes principales de cette situation décevante. Parallèlement, et pour les mêmes causes, le taux de la mortalité est très élevé, en particulier le taux de la mortotalité infantile, qui atteint les chiffres lamentables de 16 et 18 0/0 à Tananarive et de 30 0/0 à Tamatave, par suite du manque d'hygiène générale dans l'île et de la fréquence inouïe des affections broncho-pulmonaires grasses.

Le programme du gouvernement général est sorti de ces constatations mêmes. Il comporte à la fois la lutte contre les affections endémo-épidémiques, la protection de la race et notamment la protection de l'enfance, et enfin la mise en œuvre de certaines grandes mesures sociales destinées à avoir une influence indirecte mais certaine sur le « standing » de la race malgache.

Il est apparu tout d'abord qu'un développement et une amélioration des établissements scientifiques de la Colonie et de l'enseignement médical étaient indispensables.

Ainsi l'Institut Pasteur de Tananarive, créé en 1900 par le général Galliéni, avait comme seuls domaines le traitement contre la rage et la vaccination antivariolique, dans lesquels il avait obtenu d'ailleurs des résultats décisifs. Depuis 1921, la lutte contre la peste lui a été confiée, ainsi que l'étude de la tuberculose et la vaccination par le B. C. G. Ce n'est pas tout cependant. Pour que l'Institut Pasteur de Tananarive puisse devenir le grand centre d'études de biologie humaine, animale et végétale, qui est indispensable à la Colonie, le Gouvernement général a fait agrandir ses locaux, de telle sorte que tous les laboratoires de la capitale puissent y être rassemblés ; et il en a confié l'administration et la direction scientifique à l'Institut Pasteur de Paris, dont celui de Tananarive devient ainsi la filiale.

Dans un sens analogue, l'Ecole de Médecine Indigène de Tananarive a été réorganisée, des bâtiments nouveaux ont été construits, dans lesquels on trouve de superbes laboratoires de biologie, de bactériologie, de radiologie et l'électrothérapie ; l'hôpital indigène qui en est l'annexe et où se fait l'instruction des futurs médecins indigènes, a été établi avec les derniers perfectionnements de la technique scientifique ; les services de médecine, de chirurgie, d'urologie, de contagieux, d'aliénés ont leur installation définitive ; il ne reste plus à édifier que la maternité, l'école de sages-femmes et l'internat pour les élèves-médecins qu'il n'y a pas intérêt à laisser livrés à eux-mêmes.

En même temps que les établissements scientifiques étaient perfectionnés, la lutte contre chacune des grandes maladies qui déciment la colonie était poursuivie avec une intensité nouvelle.

Le paludisme, qui sévit dans tout l'ensemble de la colonie, est une des causes principales de la dépopulation malgache ; et contrairement à ce qu'on pourrait imaginer il atteint les hauts-plateaux plus encore que les régions côtières ; la ville de Tananarive et ses environs en particulier paient un tribut très lourd à ce mal difficile à combattre. L'emploi préventif de la quinine est, on le conçoit, à la fois très onéreux et très difficile à imposer et à surveiller ; d'autre part, il faut compter très longtemps pour parvenir à faire comprendre à la masse indigène la nécessité d'une protection systématique contre les moustiques qui véhiculent la maladie. La lutte contre le paludisme se trouve ainsi particulièrement difficile à mener. C'est pourquoi il a fallu réorganiser en 1924 le service antipaludique créé en 1921, faire procéder à des enquêtes sur les moyens employés par les instituts antimalariques de Corse, d'Italie et d'Espagne, créer à Tananarive un dispensaire antipaludique chargé de traiter les infectés et d'établir l'index paludéen. L'éducation des notables a été faite ; la vulgarisation de *l'a. b. c.* de la lutte antipaludique a été entreprise dans les écoles par les tracts, par le film. Enfin et surtout, une lutte sévère a été ouverte contre les moustiques eux-mêmes. On a introduit dans l'île une variété de poissons employés avec succès dans tous les pays paludéens contre les larves d'anophèles et on en a organisé systématiquement la reproduction. On a rectifié des canaux d'irrigation. On a faucardé les marais et les rizières en jachère, voisines de Tananarive. On a organisé rationnellement le drainage. On a interdit les cultures immergées aux alentours de la ville. Enfin des **équipes antilarvaires** traitent quotidiennement par les **poudres larvicides** les pièces d'eau qu'on n'a pu faire disparaître. De telle sorte qu'on peut espérer qu'à bref délai de vastes régions — celles précisément qui étaient le plus atteintes — pourront être relativement épargnées par le mal.

Les maladies vénériennes constituent sans doute avec le paludisme l'obstacle le plus grave à l'accroissement de la population, soit par les décès qu'elles provoquent, soit par les déchéances physiques dont elles sont la cause. Sept dispensaires antivénériens avaient été créés en 1921 ; il y en a aujourd'hui 162. En outre, tous les postes médicaux de la colonie fonctionnent comme dispensaires. Et de 1921 à 1927, le nombre des consultations données annuellement avait déjà passé de 24.714 à 577.529. Un Institut prophylactique a été créé à Tananarive, sur le modèle de l'Institut Vernes de Paris. Et déjà des résultats remarquables ont été obtenus. Au diagnostic purement clinique, qui comporte une marge d'erreur excessive, a été substituée la réaction sérologique ; même dans les postes éloignés et dépourvus d'électricité, la réaction de Vernes pourra être appliquée grâce à la mise au point d'un appareil permettant l'utilisation d'une lumière autre que la lumière électrique. Parallèlement les modes de traitement ont été surveillés et améliorés. La gratuité des soins médicaux et des médicaments étant assurée, on peut espérer que les résultats excellents obtenus jusqu'à présent se développeront encore plus favorablement dans un proche avenir.

La peste a poussé une offensive très sévère à Madagascar depuis l'année 1922, aussi bien sous la forme pneumonique que sous la forme bubonique ou septicémique. Grâce aux mesures prises, il semble que le mal ait été enrayé ; et en 1927, on pouvait déjà constater un fléchissement de la mortalité. La dératisation a été poursuivie avec activité aussi bien par des équipes spécialement constituées que par des chasseurs volontaires auxquels sont accordées des primes ; par ailleurs, la construction d'un réseau d'égoûts étanches dans les villes sera d'une puissante utilité. Le dépistage et l'isolement des pesteux ont été poursuivis avec une extrême rigueur ; les familles des pesteux sont conduites dans des camps d'isolement ; les logements sont soigneusement et méthodiquement désinfectés; toutes ces opérations sont faites à Tananarive sous la direction du Bureau municipal d'hygiène, dans les provinces sous la direction des médecins inspecteurs.

de province. La vaccination a été généralisée, et, de juillet 1926 à juillet 1927, 276.367 doses ont été injectées. Des lazarets ont été installés à Tananarive, à Ambohimiandra, à Majunga. Et il est incontestable que le mal, déjà en régression dans les foyers où il s'était déclaré, cèdera plus encore lorsque ces mesures, et notamment la vaccination, auront été appliquées sur une échelle plus vaste encore.

La tuberculose, si elle est moins répandue que dans les agglomérations européennes, n'en sévit pas moins à Madagascar. Et elle apparaît, au même titre que la paludisme ou les maladies vénériennes, comme un des grands fléaux sociaux de l'île. Aussi un Institut antituberculeux a été institué à Tananarive, pour procéder, avec l'aide de l'Institut Pasteur, à la recherche systématique des tuberculeux et pour servir, en même temps, de dispensaire.

La vaccination par le B. C. G. est pratiquée dans les strictes conditions requises. Des infirmières visiteuses diplômées ont été recrutées en France. Et surtout un effort de plus en plus vigilant est porté sur les conditions de logement des indigènes et sur les précautions d'hygiène élémentaire qu'il convient de leur faire prendre, en particulier dans cette région des hauts plateaux où de notables écarts de température sont à signaler.

Parallèlement à la lutte contre les maladies un grand effort a été poursuivi pour la protection de l'enfance. Il a fallu harmoniser, pour parvenir à de meilleurs résultats, les bonnes volontés des infirmières bénévoles européennes et indigènes, ainsi que l'action d'œuvres philanthropiques comme la « Goutte de Lait ». Et un hommage particulier doit être rendu, dans ce domaine, à l'initiative de Mme Marcel Olivier et de Mme Léon Cayla, qui ont mis des trésors de dévouement et de diplomatie au service de l'enfance malgache.

Enfin, à toutes ces mesures destinées à améliorer directement l'état sanitaire de la Colonie, il faut joindre tout un ensemble de réalisations sociales qui ont indirectement tendu au même but et qui ont eu les résultats les plus heureux. C'est ainsi, notamment, que le développement de l'enseignement est appelé à faciliter très largement la tâche des médecins ; et l'on pourra voir, dans le paragraphe que nous consacrons à l'enseignement à Madagascar, l'activité avec laquelle on a multiplié et amélioré les écoles de notre grande colonie. C'est ainsi encore que l'utilisation de la deuxième portion du contingent pour des travaux publics a également contribué, comme nous le verrons, à la préservation de la race et à une élévation générale de la condition physique des travailleurs. Enfin, les mesures prises pour favoriser la constitution de la propriété foncière indigène ne manqueront pas, elles aussi, d'avoir la plus salutaire influence sur la race, en substituant à un nomadisme dévastateur et démoralisant un système d'habitat stable qui permettra à l'indigène de recueillir enfin en paix le fruit de son labeur et de ses efforts.

On le voit : c'est une œuvre de longue haleine qui a été entreprise. Elle a exigé à la fois beaucoup de soins et de larges crédits. Fort heureusement la réalisation prochaine de l'emprunt de Madagascar va permettre de continuer sans désemparer les efforts déjà accomplis. Et l'on peut penser que dans un proche avenir la sollicitude attentive du Gouvernement général aura atteint ce relèvement de la race qui était son but premier et qui est l'indispensable condition de la mise en valeur du pays.

L'ENSEIGNEMENT

La colonisation n'est pas seulement affaire d'exploitation. Elle vise à un accroissement de civilisation. Elle ne se justifierait pas si, parmi d'autres objets, elle ne se préoccupait du relèvement moral, intellectuel et professionnel de l'indigène. Une nation européenne, surtout quand elle se réclame de l'idée démocratique, a donc à poursuivre une œuvre d'enseignement et d'éducation.

C'est ainsi que la France a compris son devoir dans les pays lointains où elle a planté son drapeau. C'est ainsi qu'elle l'a compris à Madagascar. Et l'homme qui tout d'abord dans cette tâche d'organisation a pris la figure d'un grand initiateur est, là comme ailleurs, le général Galliéni.

Il y a à Madagascar un certain nombre d'Européens. Il y a la masse des indigènes. Leurs besoins, devant les problèmes de l'instruction et de l'éducation, ne sont pas tout à fait les mêmes. Il est donc naturel qu'il y ait dans l'île un enseignement européen et un enseignement indigène. D'autre part, au lendemain de l'annexion, la question n'était plus entière : Les missions, depuis longtemps, avaient esquissé une ébauche de système scolaire. Il n'y a donc rien de surprenant à voir subsister, dans la colonie, à côté de l'enseignement officiel, un enseignement privé.

A sa base, l'organisation de l'enseignement officiel européen est calquée sur celle de la métropole. Elle comporte un enseignement primaire élémentaire, un enseignement primaire supérieur, un enseignement secondaire.

Seize villes ou bourgades de la colonie possèdent des écoles élémentaires. Pour l'enseignement primaire supérieur, Tananarive et Tamatave sont dotées de classes de cours complémentaires. Le niveau des connaissances s'y élève à celui du brevet élémentaire.

En ce qui a trait à l'enseignement secondaire, deux lycées préparant au baccalauréat fonctionnent à Tananarive, le lycée Galliéni pour les garçons, le lycée Jules Ferry pour les filles. Ils comportent des classes enfantines. Ils sont organisés de façon à pouvoir recevoir des externes libres et des externes surveillés, des pensionnaires et des demi-pensionnaires.

L'enseignement officiel indigène divise ses écoles en écoles du premier, du second et du troisième degrés. Toutes sont gratuites, à l'exception d'une seule, « l'Ecole Flacourt ».

Les écoles du premier degré sont au nombre de plus de 800. Elles sont, pour la plupart, mixtes. Leur nombre s'accroît sans cesse. Leurs programmes visent à pourvoir les élèves de notions morales et de connaissances d'ordre pratique. Les jeunes indigènes y reçoivent une première initiative à la langue française. Les autres matières leur sont enseignées dans la langue du pays.

Un jardin est annexé à chaque école. Il permet de donner aux enfants, pratiquement, un enseignement en correspondance avec les cultures en honneur dans le pays et tend à développer chez eux le goût des professions agricoles.

L'école du premier degré comporte également pour les filles des travaux pratiques. Ils ont trait à la couture, à la broderie, à la confection de la dentelle, des chapeaux de paille, des objets de sparterie, et aux soins ménagers. Ils développent l'adresse manuelle de l'enfant en même temps qu'ils la préparent au rôle qu'elle aura à jouer plus tard dans sa famille.

L'enseignement officiel indigène compte dans la colonie quinze écoles dites régionales ou du second degré. Elles ont à leur tête un maître européen. L'enseignement y est donné en français. Les élèves des écoles du premier degré y sont admis après concours. Selon leurs dispositions et leurs goûts, des contremaîtres sont chargés de les former au travail du bois, du fer, des différentes branches de l'agriculture. A leur sortie, ou bien ils collaborent directement, selon leurs aptitudes, avec les colons, ou bien ils se feront admettre dans les écoles spéciales destinées à fournir aux services de la colonie leurs cadres techniques : Ecole normale, Ecole administrative, Ecole d'agriculture.

L'école du second degré se double ordinairement pour les filles, d'une école ménagère. Elle possède aussi le plus souvent une section préparatoire aux fonctions d'institutrice ou au concours d'admission à l'école des sages-femmes de Tananarive.

Au troisième degré, en laissant de côté l'Ecole de Médecine qui ne relève **pas des services de l'enseignement, on** trouve l'Ecole Le Myre de Villers. Elle prépare des instituteurs, des écrivains-interprètes, des commis pour les diverses administrations et aussi des candidats à l'Ecole de Médecine.

L'Ecole supérieure indigène de Tananarive dite aussi « Ecole Flacourt » offre aux enfants des familles aisées une section médicale, une section commerciale, une section d'enseignement général.

Enfin, l'Ecole Industrielle de Tananarive complète, au point de vue professionnel, l'enseignement donné dans les écoles du troisième degré : ses cours de dessin industriel, de technologie, joints à des travaux d'atelier, préparent en deux ans d'excellents spécialistes pour la menuiserie, l'ébénisterie, la forge, l'ajustage, la ferblanterie, la zinguerie, la plomberie, l'automobile et toutes les industries mécaniques.

L'enseignement privé est aux mains des missions. Leurs écoles et garderies reçoivent des Européens et des indigènes. Elles doivent être officiellement autorisées. Des garanties de capacité et de moralité sont exigées des maîtres qui y enseignent.

Bref, à Madagascar, sur 690.000 enfants d'âge scolaire, 160.000 environ, confiés à 2.700 maîtres, fréquentent les écoles. C'est une proportion qui paraît n'être atteinte dans aucune autre colonie. L'organisation scolaire y est dans les conditions les plus favorables, adaptée aux exigences du pays. Par le relèvement du niveau intellectuel et moral des indigènes qu'elle rend possible, elle permettra, comme c'est le but de la métropole, de les associer de plus en plus étroitement à la gestion des intérêts de la colonie. Par l'éducation professionnelle qu'elle leur distribue, elle en fait de précieux collaborateurs pour les Français dans la mise en valeur de l'île. Elle paraît répondre si exactement à son objet que l'ancien gouverneur de Maurice, sir Heskett Bell, n'a point hésité à la proposer comme modèle aux colonies britanniques.

LEÇON D'ÉDUCATION PHYSIQUE DANS UNE ÉCOLE DES HAUTS PLATEAUX.

Le programme des grands travaux et l'Emprunt de Madagascar

Si considérable que fût déjà l'œuvre réalisée pour l'équipement matériel de Madagascar, un nouvel effort apparut nécessaire, au lendemain de la guerre, pour achever l'outillage de la colonie, et notamment pour compléter son réseau ferré et pour l'électrifier, pour améliorer les ports, pour multiplier les routes, et pour faire bénéficier la terre malgache des derniers progrès de l'hydraulique agricole.

Ces travaux, dont le montant apparut immédiatement comme devant dépasser le demi-milliard, il était manifeste qu'on ne pouvait songer à les entreprendre à l'aide des seules ressources propres du budget local. Si prospères que fussent les finances de Madagascar, elles ne pouvaient pourtant pas fournir 150 ou 200 millions pendant quatre ou cinq années pour faire face aux énormes travaux qu'on projetait.

Au contraire, l'emprunt apparaissait comme le mode normal de financement d'un tel programme, destiné à mettre le pays en valeur, et par conséquent à développer ses ressources, sa richesse et son activité. Les excédents des derniers exercices financiers attestent que la colonie pourra aisément faire face au service d'un emprunt même considérable. Et il n'y avait, par conséquent, pas à hésiter.

Dès 1928, la liste des grands travaux à exécuter fut arrêtée. Le montant des dépenses nécessaires pour les mener à bien fut évalué à 700 millions. Et c'est cette somme que le Gouvernement général demanda l'autorisation d'emprunter. Assurément, cette autorisation eût été accordée sans délai si le projet d'emprunt de Madagascar n'avait pas été englobé dans le projet général d'emprunt colonial qui fut élaboré par le Gouvernement métropolitain et dont l'ampleur même rendît le vote par le Parlement plus lent et plus délicat.

Ce vote est aujourd'hui acquis. Les tranches de l'emprunt vont se succéder régulièrement. Et l'on peut considérer désormais que le gouvernement général de Madagascar est à pied d'œuvre pour réaliser le grand programme dont l'exécution incombe à M. Léon Cayla.

Réduit à ses grandes lignes, le programme se décompose ainsi :

	Millions
Chemins de fer	231
Routes	28
Canaux	21
Ports et côtes	191
Enseignement	7,5
Postes, télégraphes, téléphones	23,5
Hydraulique agricole	60
Service de santé	18
Bâtiments administratifs	65
Etudes, projets et imprévus	66

Un chiffre pourra donner l'idée de l'importance exceptionnelle de cet ensemble : le chiffre des journées de travail qu'il exigera et qui dépasse 13 millions. Voilà l'œuvre dont la réalisation est déjà commencée. Il est à peine besoin, avant de la décrire sommairement, d'insister sur les bienfaits qu'elle apportera à notre grande colonie ; une production agricole accrue, des échanges plus rapides et moins onéreux, une position meilleure, par conséquent, sur le marché international, une situation sanitaire plus favorable, un bien-être général plus grand, voilà ce que Madagascar est en droit d'attendre de l'exécution de ce vaste programme, appelé à rester à l'honneur des hauts fonctionnaires qui ont présidé à son élaboration et qui président à sa mise en œuvre.

Le Développement du Réseau Ferré

Le programme d'extension et d'amélioration du réseau ferré comporte :

a) L'achèvement et l'électrification du Fianarantsoa Côte Est (158 millions) ;

b) La construction du chemin de fer du Sambirano (11 millions) ;

c) L'achèvement du chemin de fer de Morondava à Mahabo (3.300.000 francs) ;

d) La construction du chemin de fer d'Antsirabé à Betafo (10 millions) ;

e) La liaison Moramanga-Anosibe (8.500.000 fr.) ;

f) La participation de la colonie à l'électrification du Tananarive-Côte Est (40 millions).

Les deux parties essentielles de ce programme, sur lesquelles nous aurons à nous étendre quelque peu, sont évidemment l'achèvement du Fianarantsoa-Côte Est et l'électrification du Tananarive-Côte Est.

Les autres travaux ne sont pas négligeables pourtant.

Le chemin de fer du Sambirano reliera Amtsahampana à Marotaolana, par 70 km. de voie de 60 centimètres, et desservira toute la vallée du Sambirano, dans laquelle on compte plus de 15.000 ha. de terres de colonisation et 18.000 ha. de réserves indigènes. Le trafic, qui atteindra 20.000 tonnes au début, semble devoir augmenter rapidement d'un tiers.

Dans l'Ouest, l'achèvement de la voie Morondava-Mahabo (55 km. de voie de 60 cm.) permettra de desservir lés 75.000 ha. de terres cultivables de la vallée de Morondava, et de donner un débouché aux produits des 150.000 ha. de terres cultivables de l'Andranolava, où l'on termine actuellement pour 500.000 fr. d'aménagements d'hydraulique agricole. On compte sur un trafic de 50.000 tonnes au début, mais le tracé exceptionnellement facile de la voie (le seul obstacle est le franchissement de la Morondava) permettra facilement un trafic de 100.000 tonnes.

Le chemin de fer d'Antsirabe à Betafo fera partie du réseau déjà existant et aura, comme ce dernier, une voie de 1 mètre. Sa longueur atteindra 26 km. La région de Betafo produit actuellement 17.000 tonnes de riz, 22.000 tonnes de manioc et 16.000 tonnes de pommes de terre et de patates, 10.000 tonnes de maïs. Le trafic pourrait être de 35.000 tonnes et le chef de région estime qu'il pourrait croître jusqu'à 100.000 tonnes en dix ans.

Enfin, la voie de Moramanga à Anosibé, également reliée au réseau à voie de 1 mètre, traversera sur près de 30 km. une très riche région forestière qui, jusqu'à présent, n'a pu être exploitée rationnellement à cause des difficultés de transport. On compte sur un trafic de 60.000 tonnes.

Restent les deux gros morceaux du programme, l'achèvement du Fianarantsoa-Côte Est et l'électrication du Tananarive-Côte Est.

La construction du Fianarantsoa-Côte Est a été décidée en 1926 et mise aussitôt en adjudication. C'est la Compagnie Française des Travaux Publics de Madagascar qui a été choisie et les travaux ont aussitôt commencé. Les installations de début sont réalisées à Fianarantsoa comme à Manakara, où aboutira la ligne. Les terrassements sont activement poussés et 3.500 travailleurs de la deuxième portion du contingent sont à la disposition de l'entreprise.

La traction à l'électricité a été adoptée après de minutieuses études pour plusieurs raisons :

1° D'une part, on estime que sur une ligne de montagne, la traction électrique permet d'assurer un trafic plus considérable que la traction à vapeur et dans de meilleures conditions d'exploitation ; en outre, elle réserve plus largement l'avenir ;

2° Par ailleurs, le tracé a pu être modifié et raccourci avec l'adoption de la traction électrique, et les dépenses d'établissement de la ligne ont pu être ainsi réduites de 26 millions ;

3° L'utilisation, pour la production de l'électricité, des ressources hydrauliques considérables du Betsiléo permettra de ne recourir ni au chauffage onéreux au charbon d'importation, ni au chauffage au bois, qui exige une main-d'œuvre considérable et entraîne un déboisement néfaste à tous égards ;

4° Enfin, l'électrification de la ligne permettra de fournir, du même coup, l'électricité à tout le Betsiléo et notamment aux villes de Fianarantsoa et de Manakara.

Outre la construction de la ligne proprement dite, l'ensemble des travaux comporte l'établissement de routes (Ifanadiana à Tolongoina, Antsenavolo à Manakara et Sahasinaka), l'établissement d'une ligne télégraphique et une foule de travaux annexes.

Le total des dépenses nécessitées par l'exécution de ce remarquable ensemble de travaux s'élèvera à 216 millions, sur lesquels 58 auront été fournis par la colonie, et 158 par les fonds de l'emprunt.

Quel trafic prévoit-on pour le nouveau chemin de fer ? A supposer que l'exploitation commence en 1935, on estime que le trafic serait de 60.000 tonnes, correspondant à 45.000 tonnes à la descente. On suppose qu'en 1947, il pourrait être de 120.000 tonnes, correspondant à 90.000 tonnes à la descente ; en 1960, 250.000 tonnes, soit 190.000 à la descente ; en 1985, 650.000 tonnes, soit 490.000 à la descente. Par ailleurs, on estime que la vente d'énergie électrique aux particuliers pourrait s'élever à 300.000 kilowattheures en 1935, à 1 million de kwh en 1950, 2.400.000 kwh. en 1960 et 9 millions en 1985.

Il s'agit donc, on le voit, d'une énorme entreprise dont

la réalisation peut avoir de prodigieuses conséquences pour cette riche région qu'est le Betsiléo et pour la colonie entière.

L'électrification du chemin de fer de Tananarive à la Côte Est rendra des services analogues à toute la région traversée par cette voie : solution au délicat problème du combustible, économie de main-d'œuvre, électrification des campagnes, fourniture d'électricité à bon marché à Tananarive, et enfin, possibilités de développement du trafic sur la voie elle-même.

Le projet consiste à faire équiper, pour son propre compte, par une Société, la chute de Farariana (région de Junck) et à faire construire, en majeure partie aux frais de la colonie, la ligne de transport de force entre les gares de Junck et de Tananarive.

Lorsque ces équipements seraient terminés, la Société vendrait le courant au chemin de fer, aux industriels et aux acheteurs divers, à ces derniers à meilleur marché qu'au chemin de fer, de façon à les pousser à développer leurs installations.

Les chutes d'Antelomita, sur l'Ikopa, fourniraient un appoint de courant au terminus à Tananarive, et ceci permettrait de parer aux défaillances possibles de la chute de Farariana.

C'est avec trois groupes de 2.000 kw., dont un de réserve pouvant fournir 4.000 kw. en régime normal, que serait équipée l'usine de Farariana. Ceci permettrait d'assurer un trafic de 400.000 tonnes à la descente.

Les dépenses envisagées s'établissent ainsi :

1° *Dépenses de la Société*

Construction de l'usine de Farariana....Fr.	12.020.000
Participation à la ligne Junck-Tananarive pour 1/6	3.400.000
Frais de direction et divers..................	1.751.000
Intérêts intercalaires	4.550.000
	21.721.000

2° Dépenses de la colonie

Participation à la ligne Junck-Tananarive
    pour 5/6 .... 16.000.000
Achat de 12 locomotives électriques 15.000.000
Aménagements divers 5.550.000
Imprévu 2.550.000

Ainsi la dépense de la colonie s'élèverait à 39.100.000

L'achèvement de la route de Tananarive à Majunga

L'exécution de la grande route de Tananarive à Majunga a été très activement poussée depuis 1927, et déjà
5 millions ont été dépensés chaque année. La route est en
était de Tananarive à Maevatanana d'une part, de Majunga à Marovoay d'autre part. Les travaux à exécuter sur les
fonds d'emprunt pour l'achèvement de la route s'élèvent à
26 millions, dont 9 pour les terrassements et l'empierrement, et 7 1/2 pour les ouvrages d'art.

L'achèvement du canal des Pangalanes

Le canal des Pangalanes n'est encore accessible, au
moins dans la majeure partie de son parcours, qu'aux pirogues et aux embarcations légères. Il s'agit maintenant
d'en faire, de Foulpointe à Farafangana, c'est-à-dire sur
700 kilomètres environ, une véritable voie d'eau de 8 mètres au plafond et de 1 m. 50 de profondeur, qui rendra
les services les plus considérables aux basses vallées, si
fertiles, de la Côte Est. Un important outillage mécanique
est déjà en service : pelles à vapeur, dragues, wagonnets
et rails. Il sera renforcé encore pour permettre le déblaiement le plus rapide possible de 6 millions de mètres cubes de terre qui auront à être enlevés. La dépense totale
figure pour 21 millions dans la liste des grands travaux à
exécuter à l'aide de l'emprunt.

L'Equipement des Ports et des Côtes

De nombreuses améliorations ont déjà été apportées aux divers ports de Madagascar. C'est ainsi notamment que les nouveaux quais de Diégo-Suarez ont été achevés en 1929 ; c'est ainsi qu'ont été terminés les quais d'Hell-Ville, à Nossi-Bé ; c'est ainsi qu'un nouveau wharf de 102 mètres a été construit à Fort-Dauphin ; c'est ainsi encore que Mananjary a été doté de quais en béton armé et qu'un épi d'accostage a été établi à Analalava.

Aussi, outre 10 millions consacrés à Tuléar et autant à Diégo-Suarez, les travaux prévus sur l'emprunt sont-ils essentiellement consacrés à l'équipement des trois ports appelés à être les grands débouchés de l'économie malgache : Tamatave, Majunga et Manakara.

Tamatave, qui ne présente pas encore une sécurité suffisante pour les courriers, va être pourvue d'un équipement vraiment digne d'un grand port.

Le gros des travaux a été adjugé à la Compagnie des Batignolles. Mais sans attendre les résultats des pourparlers qui ont abouti à cette adjudication, le Gouvernement général avait déjà procédé, en régie, à d'importants travaux.

C'est ainsi qu'une souille de 220 m. de long sur 40 de large a déjà été creusée à l'emplacement du futur port de batelage. Les dragages effectués ont donné environ 20.000 mètres cubes de déblais, avec lesquels un môle a été construit, bordé par un appontement provisoire en charpente. Il a 130 mètres de long et 13 mètres de large. Il porte trois voies ferrées, une voie charretière, deux hangars, l'un de 14 m. sur 40 m., l'autre de 80 m. sur 13 m. 40.

Ce môle a été mis en service en 1928 et, depuis, l'administration a fait procéder à l'exécution de 200 mètres de quais.

Ces travaux exécutés en régie en 1927, 1928 et 1929, ont été de l'ordre de 6.200.000 francs.

TAMATAVE. — LE BOULEVARD GALLIENI RECONSTRUIT.

Le montant des travaux à l'entreprise sera de 110 millions. Ces travaux sont les suivants :

1° Un ouvrage de protection de la rade et des terre-pleins comprenant : une digue extérieure de protection de la rade de 525 mètres de long fermant partiellement la passe Sud et la rade allant jusqu'aux fonds de —20 ; un ouvrage de protection des terre-pleins de 1.500 mètres de longueur à établir sur le récif Hastie ;

2° Un port de batelage comprenant une surface de six hectares draguée à la cote —4 ; 900 mètres de quais et une cale de halage ;

3° Une digue intérieure avec épis d'accostage de 200 mètres de long ;

4° La construction de terre-pleins d'une surface approximative de 18 hectares.

Si ces travaux sont appelés à faire de Tamatave le grand port de l'Est, des améliorations non moins importantes mettront Majunga en mesure de jouer le rôle de grand débouché pour l'Ouest de la colonie. Les travaux envisagés se montent à 27 millions et comprennent :

1° Des ouvrages de protection du port de batelage, soit une digue de 600 mètres de long et un épi de 105 mètres de long ;

2° Des quais et terre-pleins, soit 240 mètres de quais et 3.500 mètres de terre-pleins ;

3° Une cale de halage ;

4° Un gril de carénage ;

5° Un appontement pour les passagers.

Enfin Manakara doit être à son tour outillé pour être un débouché convenable au chemin de fer Fianarantsoa Côte Est, dont la construction, nous l'avons vu, est activement poussée. On y consacrera 21 millions sur les fonds d'emprunt.

Dix millions enfin sont réservés à l'amélioration de l'éclairage des côtes, qui est la condition d'une navigation sûre et active dans les parages de la Grande Ile.

Le Développement de l'Enseignement

Un très gros effort a déjà été fait par l'administration pour l'entretien et l'agrandissement des bâtiments scolaires et, notamment, pour la construction d'écoles destinées à répandre cet enseignement technique qui correspond aux besoins toujours croissants de l'industrie et du commerce de Madagascar. En 1928, en 1929, en 1930, des sommes de l'ordre de 2 millions ont été annuellement consacrées à cette extension des établissements d'enseignement. Aussi les sommes prévues sur l'emprunt doivent être considérées comme un complément nécessaire pour parachever une œuvre déjà magnifique. Elles s'élèvent à 7.483.000 fr. et se décomposent ainsi :

Aménagement du lycée Galliéni..........Fr. 405.000
— de l'Ecole Industrielle........ 290.000
Agrandissement des écoles régionales :
  de Majunga 275.000
  de Diégo. 415.000
  de Mantasoa 520.000
  d'Ambatondrazaka 187.000
  d'Antsirabe. 58.000
  d'Ambositra 124.000
Construction de l'Ecole régionale de Fort-
  Dauphin 2.000.000
Construction de l'Ecole de Manakara 2.000.000
Construction d'un établissement secondaire
  technique 1.209.000

Postes, Télégraphes, Téléphones

Sur les 23 millions et demi prévus pour l'amélioration des services postaux de Madagascar, 10 millions sont affectés à l'édification d'un hôtel central des Postes à Tananarive, 648.000 francs à l'établissement d'un poste local de T.S.F. à Tananarive (absolument indispensable pour permettre à la capitale de communiquer avec tous les postes côtiers en cas de rupture des lignes télégraphiques), 600.000 francs à la construction d'un magasin pour les colis postaux à Majunga, 1.800.000 francs à la création de postes de T.S.F. à Diégo et à Manakara et enfin 10 millions à l'amélioration et à la multiplication des lignes et circuits déjà en service dans la colonie.

L'Amélioration des Services de Santé

Nous avons précédemment exposé l'œuvre sanitaire gigantesque déjà accomplie par le Gouvernement général de Madagascar. L'emprunt va permettre d'achever toutes les constructions de bâtiments neufs qui n'ont pu encore être exécutés à l'aide des ressources du budget local.

Le programme comporte notamment :

1° La construction d'hôpitaux indigènes neufs, avec pavillons pour Européens, à Tuléar et à Fort-Dauphin ;

2° La reconstruction de l'hôpital de Maroantsetra ;

3° La création d'un hôpital à Antalaha ;

4° La reconstruction de l'hôpital et de la maternité d'Ambatondrazaka, détruits par le cyclône ;

5° L'amélioration des hôpitaux et maternités d'Anjouan et Moroni ;

6° L'aménagement des hôpitaux coloniaux de Tamatave, Diégo-Suarez et Majunga ;

7° La construction des dispensaires de quartiers de Tananarive ;

8° La création d'un pavillon européen dans une des léproseries de la colonie ;

9° L'agrandissement des bâtiments de l'Institut Pasteur de Tananarive ;

10° Le perfectionnement de l'outillage des installations destinées à combattre le paludisme et les maladies vénériennes ;

11° La construction des nouveaux bâtiments de la Maternité de Tananarive ;

12° L'institution d'un internat pour les élèves de l'Ecole de Médecine indigène de Tananarive ;

13° L'aménagement et l'extension du lazaret de Majunga.

L'Hydraulique Agricole

En 1929 déjà, un million a été consacré à l'hydraulique agricole et 2 millions en 1930. Aussi les travaux destinés à la fois à la mise en valeur des terres et à l'assainissement de vastes contrées trop lourdement tributaires du paludisme ont-ils pu être, dès à présent, largement amorcés et il convient de ne pas passer sous silence les réalisations déjà acquises.

Ainsi à Ankazobé, les ouvrages principaux du canal d'irrigation d'Andranokely sont terminés, et une section du canal a été utilisée dès 1929.

A Antsirabé, les irrigations de l'Adrantsay et l'Isandra fonctionnent depuis 1927 et, en 1928-1929, une réglementation des eaux a été mise en application pour le canal d'Ambano à Antsirabé et pour le canal de Maritampona.

A Ihosy, les travaux en vue de l'irrigation de la rive droite de la rivière ont été poursuivis.

A Mahabo, la cuvette du canal dérivé de la Morondava a été ouverte et le canal principal d'irrigation de la plaine d'Andranomena a ouvert à la colonisation de vastes terrains (10.000 à 20.000 hectares).

A Diégo, l'irrigation du plateau de Joffreville est en cours.

A Tuléar, l'étude du canal rive droite du Fiherenana est faite ; l'agrandissement du canal rive gauche est fait, et le prolongement de ce canal vers une région nouvelle est commencé, ouvrant à l'irrigation 3.000 hectares de nouvelles terres.

A Marovoay, l'irrigation de la plaine de la Karambo a reçu un commencement d'exécution.

A Tananarive, la rupture des digues de la rivière

Sisaony a nécessité des travaux de première urgence, pour la réparation des dégâts. D'autres travaux ont été entrepris pour protéger les récoltes, notamment au seuil de Faharantsana, afin de faciliter l'écoulement rapide des eaux des crues.

D'autres projets ont été étudiés, notamment à Mantasoa, le projet d'un réservoir sur le Haut-Ikopa, afin d'irriguer toute l'étendue des rizières entourant Tananarive et, en même temps, pour alimenter, pendant la période des basses eaux, l'usine hydro-électrique de Felomita, qui fournit l'énergie et la lumière à la ville de Tananarive ; notamment encore à Ambatondrazaka, le projet de dérivation de la rivière Onibe vers les rizières au Nord d'Ambatondrazaka.

Sur les fonds d'emprunt, c'est un programme beaucoup plus considérable encore qui sera réalisé. Il s'élèvera à 60 millions. Et déjà 45 millions de travaux, dont on trouvera ci-dessous le détail, sont étudiés et prêts à être entrepris :

Région du Centre

Aménagement des plaines environnant Tananarive, abaissement du seuil de Farahantsana et régularisation de l'Ikopa......Fr. 12.000.000
Réserve d'eau à Mantasoa dans la haute vallée de l'Ikopa. 7.500.000
Assainissement de la vallée Est de Tananarive. 1.000.000
Réfection des digues de la Sisaony.......... 1.500.000
Irrigation et drainage de la rive gauche de l'Ikopa 2.250.000

Région du Lac Alaotra

Organisation hydraulique du delta de l'Anony 2.000.000
Canal d'irrigation dérivé de l'Ombi 4.500.000
Canaux de drainage et de navigation, canal de l'Ouest, matériel flottant 6.000.000
Route d'Amparafaravola 3.500.000
Route d'Imerimandrosa .... Mémoire

Région de l'Ouest

Irrigation de la plaine de la Karambo........ 2.750.000

Région du Sud et Sud-Ouest

Canal rive droite de Fiherinana............. 2.000.000

La Construction de Bâtiments Administratifs

Les 85 millions de travaux prévus pour la construction de nouveaux bâtiments administratifs comprennent, à Tananarive et dans les provinces, d'une part l'édification et l'extension de bâtiments destinés aux divers services de la colonie (finances, douanes, services civils, police, forêts), d'autre part la création de logements pour les fonctionnaires de la colonie, qui éprouvent actuellement les plus grandes difficultés à se loger dans les résidences où leurs fonctions les appellent.

TABLE DES MATIÈRES

Imprimerie spéciale de la Dépêche Coloniale

13, Quai Voltaire. — Paris

Tél. : Littré 88-21